经济管理学术文库·经济类

区域品牌构建研究

——基于特色农产品视角

Research on Regional Brand Building

—Characteristic Agricultural Products Perspective

王　润／著

经济管理出版社
ECONOMY & MANAGEMENT PUBLISHING HOUSE

图书在版编目（CIP）数据

区域品牌构建研究：基于特色农产品视角/王润著．—北京：经济管理出版社，2021.6
ISBN 978－7－5096－8047－6

Ⅰ．①区…　Ⅱ．①王…　Ⅲ．①农产品—品牌战略—研究—中国　Ⅳ．①F326.5

中国版本图书馆 CIP 数据核字(2021)第 108408 号

组稿编辑：曹　靖
责任编辑：白　毅
责任印制：黄章平
责任校对：王淑卿

出版发行：经济管理出版社
（北京市海淀区北蜂窝 8 号中雅大厦 A 座 11 层　100038）
网　　址：www. E－mp. com. cn
电　　话：（010）51915602
印　　刷：唐山玺诚印务有限公司
经　　销：新华书店
开　　本：720mm×1000mm/16
印　　张：14.25
字　　数：202 千字
版　　次：2021 年 7 月第 1 版　　2021 年 7 月第 1 次印刷
书　　号：ISBN 978－7－5096－8047－6
定　　价：88.00 元

前 言

农产品区域品牌建设是提升农业竞争力的重要途径，2020年中央一号文件再一次明确指出“培育农业产业化联合体”“继续调整优化农业结构，加强绿色食品、有机农产品、地理标志农产品认证和管理，打造地方知名农产品区域品牌，增加优质绿色农产品供给”。结合近年来众多学者的实证研究，充分验证了农业品牌建设、农产品品牌建设在促进农业产业化发展中的推动作用。

因此，随着农产品市场竞争的不断加剧，在农业产业化进程中应注重农产品品牌在农产品竞争中发挥的重要作用，强势特色农产品区域品牌的构建将成为提高我国农产品竞争力、提高我国农业竞争力的重要举措；将成为推动我国农业产业化进程、满足消费者日益增长的物质和文化需求的重要手段；更是促进我国实现农民增收、农业增效、乡村振兴、脱贫攻坚、全面决胜小康的迫切需要。

综观中国各省（市、自治区）特色农产品区域品牌的发展现状，自2008年起农村农业部组织开展地理标志产品注册申报以来，截至2019年底，中国各省（市、自治区）特色农产品地理标志产品的注册总数为2778个，新疆地理标志产品注册总数为121个；从果品类地理标志产品品牌价值来看，新疆果品类区域品牌价值排名全国前100位的仅有3个，无论是特色农产品区域品牌的品牌数量还是特色农产品的区域品牌价值，新疆地域的特色农产品区域品牌较全国其他省市而言都具有较大的差距。

从研究现状来看，当前对于农产品区域品牌构建的研究主要集中于农产品区域品牌的形成机制研究、区域品牌效应分析、区域品牌竞争力提升、区域品牌传播等方面。研究视角则主要集中在：文化视角、产业集群视角、政府职能视角、顾客价值视角等。研究方法主要以定性分析为主，定量分析较少。从文献的整体研究分析框架来看，当前农产品区域品牌的研究虽各有特色，但缺乏整体、系统、全过程的区域品牌构建分析框架，缺乏系统性、全局性的农产品区域品牌构建体系。

总而言之，在现今的特色农产品区域品牌构建的相关研究中，还存在很多现实和理论困境需要研究和解决。因此，本书首先以构建特色农产品区域品牌的科学模式为目标，梳理分析了近年来区域品牌构建的相关文献，对比分析了品牌、公共品牌、地理标志品牌、农产品区域品牌等相关概念之间的关系与区别，结合原产地效应理论、公共物品理论、品牌效应理论、品牌竞争力理论、产业集群理论、利益相关者理论，系统、全面地构建特色农产品区域品牌的三维构建模型；其次结合新疆特色农产品区域品牌的发展现状，以“阿克苏苹果”区域品牌为研究对象进行实证研究，对消费者购买意愿、品牌忠诚度进行调查，进一步验证农产品区域品牌三维构建模型的科学性，提高了该模型的应用价值；最后针对新疆特色农产品区域品牌发展现状中存在的问题，提出了相对应的对策建议及解决方案。

本书的研究价值在于：通过特色农产品区域品牌的构建研究，在理论方面有助于丰富农业经济发展和农产品区域品牌的相关理论，有助于农产品区域品牌等相关理论在农业经济领域的实际应用。在实践方面将有助于推进中国农业产业结构升级、农产品竞争力提升、农业竞争力提升，有助于为特色农产品区域品牌的实际建构提供借鉴。对于新疆特色农产品区域品牌的构建而言，本书探究了新疆特色农产品区域品牌构建的科学路径，将对新疆农产品竞争力、农业竞争力的提升，推动农业产业化进程起到重要的推动作用。

本书主要得出以下结论：

第一，通过对农产品区域品牌构建的相关研究分类、整理及归纳总结，分析得出了特色农产品区域品牌构建的基本研究框架，主要包含以下四个阶段：①品牌启动阶段。②品牌定位阶段。③品牌强化阶段。④品牌维护阶段。并对各阶段运行的内在机制进行逻辑推论与分析，最终形成了特色农产品区域品牌构建的三维构建模型。

第二，通过对新疆特色农产品区域品牌的发展现状分析，发现当前新疆地域的特色农产品区域品牌发展速度相对较慢，特色农产品的地理标志申报数量出现下降的趋势；新疆地域的高品牌价值的特色农产品品牌数量较少；消费者对“阿克苏苹果”区域品牌的可识别性较差，但产品购买意愿较强。

第三，当前新疆特色农产品区域品牌发展过程中主要存在以下几方面的问题：①区域品牌发展目标不明，定位模糊，导致消费者对特色农产品区域品牌的认知不足，从而影响到特色农产品区域品牌的感知质量及感知价值，最终影响品牌忠诚的形成。②特色农产品区域品牌数量较少，品牌价值较低，使得本就缺乏竞争力的新疆特色农产品区域品牌很难形成较强的竞争优势。③市场运营状况不理想，品牌利用率低，市场竞争力较弱，抗风险能力不足。④品牌假冒导致品牌价值流失。

导致新疆特色农产品区域品牌存在这些问题的主要原因有：①缺乏科学的理论对实际的品牌构建环境进行指导，构建流程有缺失，从而造成品牌构建过程中忽视了品牌定位。②品牌意识薄弱，致使利益相关者对品牌的重视程度不足，从而导致在农产品区域品牌的构建过程中，忽视品牌建设，对已经建成的区域品牌的品牌价值提升的重视也不足。③区位劣势，产品竞争力低；区位上的客观条件虽然无法轻易改变，但产品竞争力的提升是可以通过优势的品牌管理来进行改善的。④经营主体不清，品牌管理混乱。

第四，对策建议：①各利益主体要保持目标一致，合作共赢。②地方政府要重视农产品区域品牌建设，深入开展品牌强农战略；要明确政府在特色农产品区域品牌构建中的主体地位，维护品牌发展；完善制度建设，维护农产品区域品牌权益不受侵犯；要加强特色农产品区域品牌推广与宣传，提高品牌知名度。③行业协会要发挥好行业规则制定者的作用，维护品牌使用规范化运行；要构建信息交流平台，促进协会成员间的有效沟通；要构建品牌追溯信息服务平台；要加强特色农产品区域品牌营销与推广。④龙头企业要积极配合行业协会工作，发挥行业带头作用；要构建品牌资产管理体系，维护品牌资产不流失；要构建全面质量管理体系；要做好品牌宣传及技术指导工作。⑤农户要遵守行业协会的规定，按照企业的要求进行标准化的产品生产，保证产品的质量。

第五，保障机制：①积极组建农产品区域品牌利益主体联盟。②构建农产品区域品牌追踪体系。③建立全面质量管理体系。④建立完善品牌保护法律法规。⑤建立完善的农产品区域品牌运营管理体系。

本书特色与创新之处：

第一，本书结合特色农产品区域品牌构建的全过程，创新性地提出了农产品区域品牌构建三维模型框架，并探究了新疆特色农产品区域品牌三维构建模型的内在运行机制的科学性，有助于丰富农产品区域品牌的相关研究理论。

第二，通过对“阿克苏苹果”区域品牌的实证研究，探索性地分析了消费者在“阿克苏苹果”购买过程中区域品牌对其购买决策的影响，并以“阿克苏苹果”区域品牌为例，实证检验了农产品区域品牌构建模型的科学性与应用价值。并依据在新疆特色农产品区域品牌的发展过程中所体现的问题，针对性地提出相关的对策建议及保障机制，为特色农产品区域品牌的构建及发展管理过程提供了一定的借鉴。

第三，本书在模型构建的过程中，由于笔者的知识、时间和能力存在局限性，加之编写时间仓促，模型框架仅构建了特色农产品区域品牌构建体系的内在框架，对外在环境对该模型的影响缺少必要的讨论与检验，所以书中的错误和不足之处在所难免，恳请广大读者批评指正。

王　润

2021 年 1 月 28 日

目　录

第1章　绪论

随着贸易全球化的不断加深，农产品的市场竞争日益激烈。如何在日益激烈的市场竞争环境中取得竞争优势，获得消费者青睐，不断提高农产品竞争力并推进农业产业的发展，已是当今农业发展过程中急需解决的重要问题。在探寻提升其竞争力的途径的过程中，逐渐形成了以构建产品竞争、技术竞争、资本竞争、品牌竞争、知识竞争为主体的五大竞争领域的竞争理论框架。但随着全球创新能力的不断下滑，导致近年来新知识、新技术更新速度下降，产品的同质化越来越强，而消费者的需求多样性却越来越大，供需之间的矛盾日益加剧，如何更好地利用现有产品来满足消费者日益多样化的需求，在解决这一矛盾的过程中，品牌的作用日益凸显。

在竞争日益激烈的市场环境中，作为农业大国，中国也更加关注农业产业化发展和农产品竞争力的提升，中共中央、国务院更是连续多年强调要加强农产品品牌化的发展，促进农产品竞争力的提升，促进中国农业竞争力的提升。表1－1中所列出的是中共中央、国务院自2012～2020年所颁布的中央一号文件当中关于对农产品品牌及其相关品牌发展的建议。从中可以发现，中国正在一步一步地推进农产品的品牌化发展，从最初的农产品的展会品牌开始，到龙头企业品牌的推进，再到农产品品牌的深化，最后到深入推进品牌强农这一具有战略性的指导建议，每一年的变化都在通过实践证明农产品品牌的构建、强势农业品牌的打造是中国农业在世界农产品市场上提升竞争力的重要砝码。

表 1-1　2012~2020 年中央一号文件农产品品牌相关指导意见汇总

年份	具体意见
2012	首次提出要"培育具有全国性和地方特色的农产品展会品牌"
2013	提出"增加扶持农业产业化资金"，支持龙头企业培育品牌
2014	没有涉及
2015	提出"大力发展名特优新农产品，培育知名品牌"；"搭建品牌服务平台"；"开展品牌推广服务"
2016	提出创建优质农产品品牌；"培育一批农产品精深加工领军企业和国内外知名品牌"
2017	提出要"培育国产优质品牌"；"推进区域农产品公用品牌建设，支持地方以优势企业和行业协会为依托打造区域特色品牌，引入现代要素改造提升传统名优品牌"；"推进农产品商标注册便利化，强化品牌保护"；继续做好品牌推广服务
2018	提出要深入推进农业品牌化；"培育农产品品牌，保护地理标志农产品，打造一村一品、一县一业发展新格局"
2019	提出要深入推进品牌强农，"加强农业品牌创建、培育和保护"；"实施中国农业品牌目录制度"，"建立健全支持农业品牌的政策体系和管理制度"；"制定中国农业品牌评价标准，建立区域公用品牌、企业品牌和产品品牌评价标准体系"；"创新品牌营销推介，塑强一批国家级农业品牌，创响一批'土字号''乡字号'特色产品品牌"；"强化农业品牌监管，重点抓好质量安全、诚信建设等关键环节，加强对国家级农业品牌动态管理，加快中国农业品牌'走出去'步伐"
2020	提出要"继续调整优化农业结构，加强绿色食品、有机农产品、地理标志农产品认证和管理，打造地方知名农产品品牌，增加优质绿色农产品供给"

资料来源：笔者结合 2012~2020 年中央一号文件整理汇总得到。

大力发展特色农产品区域品牌是实现这一战略目标的重要环节，各省（市、自治区）、各地区都应深刻重视农产品区域品牌的发展及推广，并为农产品区域品牌的构建及推广提供良好的品牌生态发展环境。可见实施农产品区域品牌战略已经成为全面提升中国农产品整体质量及农产品竞争力的现实要求，同时也是优化中国农业产业结构、发展高效农业、实现农民增收的重要举措。

中国的农产品区域品牌的建设经过多年的努力虽然也已经取得了一定的成效，但是在回顾取得这些成绩的过程中，却也逐渐显现出许多在农产品区域品牌构建过程中的问题和困扰。如农产品区域品牌构建过程中效率不高，农产品区域品牌发展中竞争力提升不明显，农产品区域品牌管理运营发展不平衡，农产品区域品牌维护管理不当造成“公地悲剧”“柠檬市场”的现象仍然时有发生等。

因此，需要对农产品区域品牌的构建模式进行系统全面的研究与反思，切合顶层设计，从系统的视角制定农产品区域品牌战略和产业布局，通过政府主导、行业协会支撑和企业运营相协调的方式，不断完善农产品区域品牌发展过程中的品牌管理体系建设，构建高效的农产品区域品牌服务体系，形成长期有效的农产品区域品牌的保障机制，进而形成一套完整的、科学的、具有普遍指导意义的农产品区域品牌的构建模式，最终构建出一套能够与环境变化协同发展、不断适应环境变化的品牌构建管理模式，从而保障特色农产品区域品牌的可持续发展。

1.1 研究背景

第一，随着经济全球化的不断进展以及国际市场竞争的日益加剧，农产品市场的竞争越来越表现为品牌的竞争。名优品牌以其产品的高品质、高知名度、高市场占有率等特点不断赢得消费者乃至生产者、经营者的信任与青睐。农产品区域品牌作为一种无形资产已经成为这场竞争中越来越重要的砝码。作为农业大国，中国拥有众多品质优异的农产品，但其农产品品牌的竞争力却远远不足，缺少具有国际市场竞争力的高端农产品区域品牌，农业竞争力与其他国家相比仍然处于弱势地位。因此，基于中国农业现行的实际情况，应当充分且认真地挖掘当前中国农业区位优势下的农产品品质差异与特色，结合其优势，制定农产品品牌、农业品牌的发展战略，构建强势农产品品牌、农业品牌，才能不断提高中国农业竞争力。构建强势农业品牌势在必行。

第二，从农业产业化发展的角度来看，传统农业向现代农业的转变需要不断促进农业产业的规模化、标准化、产业化和市场化，提高农业产业在激烈竞争的市场环境中的竞争力，而其中重要手段之一就是大力发展强势农产品区域品牌，实行农业品牌化发展，充分利用品牌效应、品牌溢价能力，提高农产品竞争力、农业竞争力，获取更大的收益。国际上很多成功的现实案例和经验已经充分证明，构建和发展强势农产品区域品牌，既能够促进农业产业结构优化升级和农产品品质的提高，也能满足不断升级和日益增长的社会大众的消费需求，从而进一步实现农业的持续增效和农民的持续增收。

第三，中国政府尤为注重农产品区域品牌发展与农业品牌建设。中共中央、国务院自 2012 年起所颁布的中央一号文件中，除 2014 年外，每年都将发展农业品牌、发展农产品区域品牌作为重要内容在文件中提出。由此可见，农业品牌化、农产品区域品牌化已经成为农业现代化发展的必经之路，大力发展农业品牌、打造强势农产品区域品牌已经成为转变农业发展方式、推进农业现代化进程的重要举措。

第四，构建农产品区域品牌过程是促进农业产业发展与升级的重要过程，是“促使农业增长方式由粗放增长向集约增长转变，促进农业经济持续、稳定发展”的重要举措。通过构建强势农产品区域品牌，能够更好地稳定消费群体、稳定当前的市场份额，相比那些没有品牌或品牌竞争力较差的产品，强势品牌能够更好地吸引消费者，取得消费者的信任和喜爱。

第五，中国是一个农业大国，但长期以来由于中国的农业产品生产以初级农产品生产为主，造成其产品品种单一、产品品牌杂乱的现状，这一现状已经难以适应当前经济全球化的发展和国际市场竞争范围的竞争要求。再加之中国国内的产品品牌战略的运营推广更多的是关注工业经济等领域；在农业的生产经营管理过程中，人们对于农业品牌战略、农产品区域品牌战略以及农产品区域品牌构建等方面的认识不足、关注欠缺；随着市场经济的不断发展和当前市场竞争环境的日益激烈，对如何构建强势农产品区域品牌并形成一套行之有效并能广泛应用的农产品区域品牌构建模式的研究对农产品区域品牌的相关研究领域的拓展以及对中国特色农产品区域品牌的品牌价值提升、对中国特色农产品区域品牌的品牌竞争力的提升，都将具有极其重要的现实意义。

但中国在农产品区域品牌的构建和发展上尚不成熟，且对农产品区域品牌构建模式、发展影响机理和发展机制的研究尚有不足，也存在着一些困境。中国农业目前虽有地理标志的评定发展机制，但却没有农产品区域品牌的构建体系，而且农产品区域品牌虽然与地理标志之间有一定的联系，但农产品区域品牌并不等同于农产品地理标志。因此，破解农产品区域品牌构建发展的难题和困境，需要从实践出发，结合实践发现问题，并结合相关理论，构建解决问题的科学方法。

因而，在现实背景与理论背景的综合情境下，本书以新疆特色农产品区域品牌构建研究为题，以新疆特色农产品区域品牌的发展现状为基础，通过对比分析，结合理论与现状构建特色农产品区域品牌的构建模型，并结合“阿克苏苹果”区域品牌的现实发展状况，进行实证研究，以期创建出科学性强、应用性强的农产品区域品牌构建模式，从而有助于促进中国农业品牌化发展，促进农业增效、农民增收，促进农业产业结构升级，促进中国农业竞争力的提升。

1.2 研究目的

研究背景充分地证明了当前时代农业乃至各行各业中品牌对于行业发展的重要意义，因此本书对农产品区域品牌构建体系进行研究，并构建一套科学、合理、有效的特色农产品区域品牌构建模式，以期这一农产品区域品牌构建模式能在农产品区域品牌构建中为特色农产品区域品牌的构建及发展起到一定的指导与借鉴作用，能够为提升特色农产品区域品牌的品牌竞争力、促进农业品牌竞争力的提升、助力农业产业化的进程提供科学的理论支撑。

通过分析新疆特色农产品区域品牌的发展现状，结合消费者在农产品购买决策中的影响因素研究，发现当前农产品区域品牌构建过程中存在的问题，针对性地提出相对应的解决方案及建议，为新疆特色农产品区域品牌的构建提供有效的方案及措施。

本节结合实际，通过对新疆特色农产品区域品牌“阿克苏苹果”的实证分析，进一步验证特色农产品区域品牌构建模型的科学性，提高该模型的可应用性，结合现状提出其品牌构建中的保障机制，形成一套从农产品的区域品牌构建条件的剖析，到区域品牌构建过程的打造，最后到农产品区域品牌的保障完整的新疆特色农产品区域品牌构建体系。

1.3 研究意义

1.3.1 理论意义

本书回顾了近年来农产品区域品牌构建等方面的相关研究，发现当前有关农产品区域品牌构建方面的研究主题主要集中于农产品区域品牌形成机制的推导、品牌效应的提升分析、品牌竞争力提升、品牌传播研究等方面；研究视角上主要是文化视角、产业集群视角、政府职能视角、顾客价值视角等；研究方法以定性分析为主，定量分析为辅，使用的方法主要是层次分析法、扎根理论、因子分析、结构方程模型等。

但通过对文献整体分析后发现，当前的研究虽然各具特色，也较为全面地从品牌构建的各个方面及领域进行了研究，但却没有能够从品牌构建的全过程出发剖析农产品区域品牌构建理论框架，缺乏能够具备系统性、全局性的农产品区域品牌构建模型。本书通过梳理分析近年来区域品牌构建、品牌培育、品牌建设等方面的相关文献，对比分析了品牌、公共品牌、地理标志品牌、农产品区域品牌相关概念之间的关系与区别，结合原产地效应理论、公共物品理论、品牌效应理论、品牌竞争理论、产业集群理论、利益相关者理论，构建了科学的特色农产品区域品牌三维模型，形成一套较为科学、合理的特色农产品区域品牌构建与发展模式，丰富了农产品区域品牌构建等方面的相关理论研究。

通过对新疆特色农产品区域品牌的发展现状分析，并以农产品区域品牌构建的三维模型为框架，对"阿克苏苹果"区域品牌构建进行实证研究，并通过"阿克苏苹果"区域品牌的实证研究对本书所构建的区域品牌构建框架模型进行验证，引入消费者购买意愿调查和消费者品牌忠诚度调查，进一步验证了该模型的科学性，提高了该模型的应用价值，丰富了区域品牌构建模式，有助于品牌构建的相关理论的拓展。

1.3.2　现实意义

首先，建设优质、强势农产品区域品牌是提高中国农产品在国内外市场上的竞争力的重要途径之一，本书通过对现有研究及相关理论基础的梳理与分析，结合现状，构建出一套科学合理的农产品区域品牌构建三维模型，模型的建立将有助于为中国农产品区域品牌的构建以及农产品区域品牌竞争力的提升提供一定的理论指导。虽然中国农业产业自改革开放以来取得了巨大的成就与发展，但随着农产品市场上的产品竞争越来越激烈，农产品市场竞争能力的提升已经成为当前农业发展的焦点问题。农产品市场上的竞争已经开始从产品之间的竞争向品牌之间的竞争转变。强势品牌在市场竞争中将获得更加有利的竞争地位，市场竞争力更强，消费者认可度更高，市场占有率更高，产品溢价能力更强，因而构建打造强势产品品牌是在激烈的市场竞争中取胜的关键手段。这一道理同样适用于农业，强势的农产品区域品牌在农产品的市场竞争中会给农产品带来优势地位，其品牌效益作用也会得到增强，建设强势农产品区域品牌也必将是提高农产品在国内外市场竞争力的重要工具。

其次，研究农产品区域品牌构建有利于促进强势农产品区域品牌建设，进而能够更好地满足消费者日益增长的物质和精神需求，更好地满足消费者在购买决策过程中的决策需要。原因在于，随着消费者收入水平的增加，其消费水平也在不断提高，消费者的需求水平、需求层次和购买行为也都发生着改变。从现有的发展过程中不难发现，对于农产品的消费，消费者的需求已经开始由追求产品数量转向注重产品质量，由关注物美价廉转向追求产品的高价质优，由简单物质需要转变成为复杂的精神需要，对农产品的质量安全、品质属性、绿色环保、营养健康的需求也更高。而这一系列的转变使消费者在购买决策的过程中将更加关注强势农产品区域品牌，强势农产品区域品牌将成为未来消费者购买决策中的关键性因素。因此，构建强势农产品区域品牌，迎合消费者日益变化的消费需求，是未来农业发展过程中的必经之路。

最后，农产品区域品牌构建对推进中国农业产业化进程、优化农业产业结构具有巨大的支撑作用。农产品区域品牌构建对其相关领域的产业也具有一定的带动、优化作用，可以促进相关产业内企业的协同发展。而且通过农产品区域品牌构建后所带来的品牌溢价能力的提升，可以强化产业内的相关企业与农户之间的联系。通过农产品区域品牌构建后所带来的规模经济效益的提升，可以推动农业支柱产品产业的区域优化布局、专业化生产和基地化建设，对产业集聚起到一定的推动作用。

新疆维吾尔自治区是中国重要的农业大省，但并不是一个经济强省，相反，其经济的发展情况相对东部地区来说仍然处于相对落后的状态。因此，在新疆经济整体发展水平处于相对劣势的现实状况下，紧紧把握具有地方特色、区位优势、产品独特优势的特色农产品区域品牌的发展，并注重建设具有显著差异性的强势特色农产品区域品牌、做好农产品区域品牌的构建工作，将是在激烈的市场竞争中取胜的关键一环，是新疆维吾尔自治区特色农产品提高核心竞争力的重要举措，并能够促进新疆农业经济的不断发展。

1.4 相关研究现状

1.4.1 农产品区域品牌形成机理研究

农产品区域品牌的形成机制成为最近一段时间学者们所关注的焦点，本书希望能够通过对农产品区域品牌的形成机制的研究，确定在农产品区域品牌形成过程中的关键性影响因素，从而结合影响因素，对农产品区域品牌的形成过程进行干预，促进农产品区域品牌的构建。杨雪莲、胡正明（2012）通过构建模型定量分析得出“区域产业发展”与“区域品牌管理”是区域品牌发展的重要因素。肖蓉（2015）认为区域品牌的形成有赖于一定的主客观条件，包括区域特色、品牌内涵、产业优势，并在实践中表现出系统的形成过程以及路径选择规律。俞燕（2015）运用扎根理论的方法，对新疆吐鲁番葡萄区域品牌形成机理及品牌效应进行了质性分析，并构建了研究的理论模型，研究结果表明，影响传统特色农产品区域品牌形成的主要因素是地理资源、政策支持、区域文化及供应链品牌分工。其中地理资源禀赋、政策支持因素是直接影响因素，区域文化及供应链品牌分工是间接影响因素，在新疆特色农产品区域品牌形成中起中介作用。刘婷（2016）通过研究，得出农产品区域品牌形成的影响因素中市场需求、农业科技、资金3个要素对农产品区域品牌形成起着决定性影响作用的结论。潘燕（2019）通过研究，表明影响农产品品牌化建设的重要因素主要有地理区域性因素、产业因素和品牌性因素，其中产业因素包括农产品在经营特定产业中所具有的生产规模、市场优势、市场占有率等内容；品牌性因素包括农产品的品牌形象、品牌定位、品牌内涵、品牌投资等方面的内容。谢湘泉（2019）在对农产品区域品牌价值提升的研究中提出，农产品区域品牌的形成一般是由政府推动的，并需经过一定时间的积累和沉淀，且其形成容易受到政府、企业、劳动者等因素的影响，农产品区域品牌形成机制可从人文历史环境、地理气候环境、农业产业集群和政府扶持等方面进行分析。

1.4.2 农产品区域品牌价值提升研究

农产品品牌价值提升是农产品品牌相关研究的根本出发点，农产品品牌研究的最终目的大都是希望能够通过研究得出提升农产品品牌价值的方法与路径。在农产品品牌价值提升的研究领域中，学者们普遍的研究思路是先对农产品区域品牌的价值进行确定和识别，然后从价值衡量的角度反向推导提升农产品品牌价值的路径及农产品区域品牌价值提升的体系构建。

因此，谢湘泉（2019）认为农产品区域品牌的价值表现为消费者认为该品牌能够提供功能利益及情感、心理利益。连漪、姜营（2013）结合品牌认知及消费价值认知进行相关研究，利用价值模糊评估模型，提出了区域品牌价值提升的对策与建议。周绪元、王梁、苗鹏飞、赵锦标、卢勇（2016）以临沂特色农产品为主体，对“临沂模式”进行了详细的分析，并提出农产品区域品牌提升价值的策略建议，主张建立多元化的品牌支撑体系，建立多环节的品质控制体系，建立多方共赢的品牌互促体系，建立多种形式的品牌营销体系。

孙延红、许可、綦远超（2017）基于模糊评价法构建了农产品区域品牌价值评价体系，并将“差序格局”现象作为影响农产品区域品牌价值的一个影响因素。赵晓春（2017）通过对杨凌示范区创建“杨凌农科”区域品牌这一案例进行研究，认为应加强对区域品牌的营销与宣传，并构建合理的品牌保护机制，将区域品牌与企业耦合，大力发展产业集群优势，打造龙头涉农企业，发挥龙头企业的带头优势作用，借力农业自贸区等一系列的外部条件，不断强化区域品牌影响力和辐射区域，促进区域品牌的发展与品牌价值的提升。

张茂伟、蓝天、杨嘉琪（2018）通过 AMOS 结构方程的方式验证了农产品区域品牌价值提升的影响因素，发现区域品牌制度与规范、集群企业与展会间协同、展会品牌价值、区域品牌价值间具有较强相关性，且区域品牌建设的相关制度与规范是持续促进品牌价值提升的基本保障，相关制度规范能够有效促进区域品牌化发展和品牌价值提升。其中区域品牌相关制度与规范也是集群企业与产业服务机构、展会合作互动的主要影响因素，能够促进利益相关各方协同发展。但是区域品牌相关制度与规范并不能直接促进展会品牌价值提升，而是通过促进展会与集群企业间的协同进而带动展会品牌价值提升。区域品牌利益相关者在服务主导逻辑下成为集群企业品牌价值创造与传播的重要合作伙伴，即产业集群区展会品牌价值的提升能够有效提升区域品牌价值。

谢湘泉（2019）从区域人文历史环境、地理因素、加工、生产、贮藏、运输习惯及农业产业集群和政府扶持等方面分析了农产品区域品牌的形成机制，并提出龙头企业和政府要协作互助谋发展，品牌要注重提升品质。王伟伟（2019）在其论文中阐述了品牌形象、品牌定位、品牌推广、品牌价值链、品牌维护作为农产品区域品牌提升的内在构成，都在不同程度地影响着农产品区域品牌价值的提升。他认为，应该从整个链条上进行分析农产品区域品牌价值的提升，并以红枣为例提出了农产品品牌价值提升的对策建议。

1.4.3 农产品区域品牌竞争力提升研究

农产品品牌价值提升的综合表现即为农产品区域品牌的竞争力的提升，而品牌价值的提升并不是唯一方式，因而也有学者从农产品区域品牌竞争力的提升方面进行研究。与农产品区域品牌价值提升研究的思路一致，学者们的研究思路大部分都选择了从竞争力提升的影响因素视角进行研究，并构建相应的竞争力评价体系。

沈占波、杜晓静（2006）认为品牌竞争力指标体系可分为外显性指标和潜力性指标，认为不能忽视品牌质量支撑力、品牌创新力、品牌资源筹供力、品牌市场营销力这些潜力性指标。曹鹤（2012）根据迈克尔·波特的钻石模型，从生产要素、需求条件、产业的发展、支持条件、企业战略、政府与机会等方面分析新疆农产品品牌竞争力。

宋丽影（2013）构建了农产品区域品牌竞争力模型，以品牌基础力、品牌资源力、品牌发展力、品牌支撑力以及农产品的区域品牌竞争力五个指标变量建立了农产品区域品牌竞争力的评价体系，并通过实证检验了五个指标对农产品区域品牌的影响。陈亚会（2014）运用 PEST 分析法，阐述了宏观环境对新疆特色农产品区域品牌的建设有一定的影响。李丹妮（2016）利用专家打分法，确定了产品信息质量、产品期望、功能性价值对农产品区域品牌竞争力提升的影响。李凯伦（2017）在对延边大米的品牌竞争力分析当中认为，环境因素、企业基础因素、市场能力因素、品牌经营因素四个因素影响农产品品牌竞争力的提升。

陈杏梅（2019）认为影响特色农产品区域品牌竞争力的因素是系统性的。白朋飞（2020）从乡村振兴的视角对农产品区域品牌竞争力进行研究，并确立了品牌支撑力因子、品牌自身力因子、品牌基础力因子、品牌资源力因子、品牌发展力因子五个维度，发现当前农产品区域品牌竞争力表现出的不足之处有：产品科技含量不高、附加值较低、对原产地农产品保护力度不够、品牌整体形象的主体打造能力不佳、品牌文化缺乏核心竞争力、品牌知名度较低等，并结合问题提出相对应的解决办法。

近年来部分学者也从其他视角剖析农产品区域品牌竞争力，有从系统、整体的视角对农产品区域品牌竞争力提升进行研究的，如许晖、薛子超、邓伟升（2019）从区域品牌生态系统的视角，结合品牌赋权机理，以武夷岩茶为例进行区域品牌竞争力提升的相关研究，研究发现："区域品牌生态系统赋权结果不仅表现在经济价值方面，同时还表现在社会价值方面；区域品牌生态系统的最终目的是对区域内不同主体进行形象赋权、关系赋权以及杠杆赋权。不同赋权机制之间呈现包容性迭代升级的特质，并在此基础上实现竞争优势的迭代升级。"也有基于顾客价值提升角度的研究，如赵晓玲、赵燕（2019）基于顾客价值提升视角对农产品区域品牌竞争力的提升进行研究，探索了顾客感知价值下的品牌竞争力评价体系，分析了区域品牌竞争力提升的品牌形象价值因子、品牌功能价值因子、品牌社会价值因子和品牌情感价值因子，为品牌竞争力的提升研究提供了一条新的思路。

在研究过程中，有学者也发现了当前在农产品区域品牌竞争力的提升过程中还存在着一些困境，韩丽娜（2019）在对河南省农产品区域品牌竞争力提升的研究过程中发现，在农产品区域品牌竞争力的提升过程中存在"品牌宣传力度弱、品牌保护意识差、品牌区域集群化专业化程度低"等方面的不足，提升农产品区域品牌竞争力则必须重点"做好强化对农产品区域品牌的形象宣传、增强保护农产品区域品牌的思想意识、积极落实农业产业集群化发展战略等工作"。

1.4.4 产业集群与农产品区域品牌发展研究

产业集群的发展与农产品区域品牌的发展之间关系的研究是近年来农产品区域品牌研究的热点话题，农产品区域品牌的形成有利于促进优势产业集群发展，产业集群在大力发展中形成以产业优势为主的强势农产品区域品牌，是产业集群进一步发展的必然历程，产业集群与农产品区域品牌之间有着密不可分的关系。然而，究竟是依靠优势农产品区域品牌促进产业集群的发展，还是在优势产业的前提下促进农产品区域品牌的构建，针对这一问题，当前的学者们并没有一致的见解。

大部分学者倾向于产业集群的发展是农产品区域品牌构建及发展的基础，

在这一基础上，才形成了农产品区域品牌成长的必要条件。刘丽、周静（2006）认为“基于产业集群的农产品区域品牌，是在产业集群的基础上，以农业产业化为载体，以某一行政或经济区域为核心，通过创建区域内统一的全方位系列化优质农产品核心与龙头品牌的行动，带动广大农业企业和农民，增强区域农产品竞争力，促进区域的经济增长”。何吉多、朱清海、李雪（2009）也认为“农产品区域品牌是在产业集群的基础上，以农业产业化为载体，以某一行政或经济区域为核心，基于区域内系列化优质农产品与较强生产能力、较高的市场占有率的企业而形成的，具有为外部购买者、合作者以及其他相关者所广泛认可的知名度、美誉度的名称和标识，其品牌名称由地名和特色农业产业集群组成，它反映着集群产品整体的质量、档次和服务以及集群内企业的信誉水平，代表着集群的市场竞争力”。吴菊安（2009）以湖北省孝感市的产业集群下的农产品区域品牌为例，认为当前的农产品市场已经进入品牌竞争的时代，农产品区域品牌是区域农产品的形象代言和经济名片，具有超越一般品牌的经济和社会效应，是现代农业专业化、集群化和特色化发展的必然结果，大力发展农产品区域品牌是提高农产品竞争力、提高农业竞争力的重要手段。程燕、金山、李晓红、孙天罡（2015）认为农业产业集群是农产品区域品牌发展的基础和载体，农产品区域品牌建设是推进新疆农业产业集群发展、实现农业现代化的重要手段，并立足新疆特色农产品，建议要“加快发展壮大新疆特色农产品产业集群，建立严格的质量认证体系和质量追溯制度，政府主导扶持区域品牌建设，延长农产品加工产业链，加强品牌运营及加大区域品牌的保护力度”。

也有学者认为，农产品区域品牌推动了产业集群的升级转型，打造强势农产品区域品牌是产业发展的必经之路。侯兴军、孙文华（2009）从农产品区域品牌推动产业集群转型升级的视角出发，论证发现“通过打造强势农产品区域品牌来推动农业集群转型升级，突破粗放、散户、规模效应低的发展阶段，提升到更高级的阶段已经是农产品集约式发展的必经之路”。

还有学者将上述两种观点进行整合，丁晓晶（2012）结合上述学者的研究，从农产品区域品牌与产业集群的互动模式出发进行研究，发现农业产业集群是农产品区域品牌的基础；农产品区域品牌是农业产业集群发展的外源推动力；农业产业集群与农产品区域品牌的协同发展有利于促进农业产业集群的壮大、发展及区域整体形象的提高；有利于竞争模式转变，提高农产品相关利益者收入；有利于品牌效应的发挥。

姚春玲、王红姝、李秀梅（2014）"探讨了农业产业集群提升农产品区域品牌竞争力的内在机理，并在此基础上提出将农产品区域品牌转化为企业品牌，建立'政、产、学、研'互动机制，实施农产品区域品牌策略，提高区域品牌农产品科技含量，进而增加品牌资产价值"。刘益星、姬孟丹（2018）从中国现阶段农产品区域品牌的发展现状、存在的问题等方面进行分析与研究，提出了发展农产品区域品牌的具体建议：要树立集群发展意识，引导区域品牌快速良性发展；要整合区域资源优势，拓宽区域品牌发展路径；要加强制度保障支撑。

余云珠（2019）结合农村一、二、三产业融合的现状，紧跟时代潮流，通过研究发现，"农村一二三产业融合可以有效推动农产品区域品牌的发展。资源融合、技术融合、功能融合等产业融合的路径能推动农产品区域品牌的形成、竞争力的提升以及效益的增加。在产业融合的发展思路下，可以因地制宜、因时制宜选择发展路径，用创新思维构建农产品区域品牌的差异化优势，通过政府和龙头企业的引导和带动，培育和打造出在国内外有影响力的知名农产品区域品牌，提高中国农业竞争力"，并从资源融合、功能融合、技术融合三个层面进行了产业融合路径分析，提出促进农产品区域品牌产业融合的建议。

1.4.5 区域品牌参与主体与农产品区域品牌培育研究

在农产品区域品牌的维护阶段中，对农产品区域品牌构建过程中的参与主体的研究是该阶段研究的核心内容，结合利益相关者理论不难发现，农产品区域品牌的利益相关主体主要包括政府、行业协会、龙头企业、合作社组织、农户与消费者群体，而在这些群体当中，在农产品区域品牌的构建上，学者们普遍认为发挥主导作用的主体是政府，政府职能在这一系统当中发挥了不可替代的重要作用，龙头企业与行业协会等组织则在农产品区域品牌构建的过程中起到相应的辅助作用。

例如，周华（2009）从政府的职能定位的角度入手，认为“针对区域品牌创建中政府的职能定位问题，政府需要履行承担主要主体角色、构建有效运营机制和加大宣传造势力度等行政职能”。薛桂芝（2012）认为政府在创建农产品区域品牌中发挥着重要作用，地方政府在创建农产品区域品牌过程中应“明确农产品区域品牌的经营主体，确立‘政府引导、合作经济组织经营、龙头企业参与’的经营机制”，“从行政参与、区域自治、质量标准保障、法律保障、文化融合 5 个方面入手构建农产品区域品牌的保护机制”，并通过广告、农博会（农展会）、网络等手段“强化农产品区域品牌的传播，促进农产品区域品牌的提升”，在地方政府全面的引导与扶持下，保证这项系统性的社会工程能够顺利推进。葛深渭（2013）从地方政府的公共服务供给的视角出发，认为“品牌竞争力的培育与提升主要取决于企业的内部因素，外部因素只能起辅助作用”，“农产品（特别是区域性农产品）品牌竞争力的培育与提升，必须遵循以地方政府公共服务供给为核心，农产品经营者为主体进行运作的特殊规律”。

宋蕾、李道和（2016）认为“品牌建设并非一朝一夕之事，它是一个持久的系统工程”，当前农产品之间的竞争主要表现为农产品区域品牌之间的竞争，因此打造特色农产品区域品牌对于区域经济的进一步发展具有重要的意义。王明昊、徐俊昌（2017）结合农产品区域品牌的本质属性、公共产品属性进行研究，发现实践中容易出现诸如“公地悲剧”“搭便车”等情况，严重制约区域品牌作用的发挥，在此背景下，“地方政府及其相关行业组织应该充当区域品牌的主体管理者角色，发挥管理和维护区域品牌、提升区域品牌影响力的重要作用”。

戴笑（2019）认为，应明确政府在农产品区域品牌建设中的主导作用，应统筹管理品牌总体规划、政策扶持、监督规范、服务指导、营销等，完善农产品区域品牌发展机制，加强监管力度，充分利用品牌营销和广告推广等手段促进农产品区域品牌的健康有序发展。许可（2017）基于龙头企业网络权力视角，从网络结构、核心技术、市场位置视角总结了对农产品区域品牌的影响。王丰阁（2014）基于“智猪博弈模型”，分析了农业龙头企业和其他中小企业在区域品牌建设中的策略选择博弈过程，最终发现无论龙头企业参与还是不参与农产品区域品牌的建设，对于其他中小企业而言，“搭便车”均是最优的决策，即坐等农产品区域品牌“溢价”。

1.4.6 农产品区域品牌构建模式研究

从国内外农产品区域品牌构建模式的归纳总结来看，当前农产品区域品牌建设的模式当中具有显著代表性且取得了较好效果的模式主要有以下三种：以美国为代表的“品牌联盟＋协会”模式、以法国为代表的“原产地保护”模式和以日本为代表的“农业协同组合”模式。

以美国为代表的“品牌联盟＋协会”模式充分利用了品牌联盟和协会的优势特色，通过品牌联盟，使得在农业产业中农业所涉及的各项活动的分工更为明确，使得整个产业链条中各部门主体能够集中精力做自己专业的劳动，效率更高，成本下降，质量保证更为容易把控，且在品牌联盟下，品牌具有明确的管理主体，具体负责品牌运营过程中的一切事宜，无论是品牌营销传播、营销渠道开发、品牌资产保护，还是对品牌的保护等，都比一般个体做得要好。而农业协会组织则与品牌联盟非常相似。两者的区别在于，协会更多的是对外进行农产品品牌推广，而品牌联盟除了品牌的日常运营之外，还包括产品的价格制定、经销商供应商的选择等。

以法国为代表的“原产地保护”模式，则是为了保护产品的独特性与差异性所构建的与农产品独特的区位优势相关联的品牌模式。这种模式的最大优势在于能够通过农产品的产地对农产品进行差异化的区分，并对农产品独特性进行更为直观的产地化的品牌识别，从而形成独特的农产品品牌雏形，这基本与农产品品牌的意义相同，只是这种模式与中国农产品区域品牌有着相同的弊端，即农产品品牌主体不明确，原产地保护模式容易流于形式。

以日本为代表的“农业协同组合”模式则与通常意义上所讲的农业合作组织相似，只是在日本，“农业协同组合”无论规模还是组织能力都颇为强大，而且富有特色，相当于美国的品牌联盟，两者有异曲同工之妙。日本的“农业协同组合”组织严密，管理科学，运转效率极高，对于品牌的运营效果极好，信息传递速度快，行动统一。且“农业协同组合”组织还拥有自己独特的金融系统，能够极大程度地组织“农业协同组合”中各会员的剩余资金，充分地整合资源，开展业务，取得更强的优势，而“农业协同组合”就成为了该农产品的品牌代名词。

1.4.7 农产品区域品牌维护研究

农产品区域品牌的维护是农产品区域品牌构建的重要一环，品牌的注册与创建容易，其持续的经营与发展是瓶颈，因此维护已有的农产品区域品牌是农产品区域品牌构建模型中的重要组成部分。国内学者对农产品区域品牌维护的相关研究很少，其中童兵兵、王水嫩（2005）在2005年便已经捕捉到“知名传统区域品牌受假冒伪劣产品‘株连’的事件屡有发生，导致许多传统区域品牌的声誉下降，无形资产贬值”，并结合“产业经济学和区域经济学理论，剖析传统区域品牌保护不力的原因，进而提出从品牌产权保护、产品质量控制、产业集聚发展、品牌梯队建设、产业环境营造、产业内部协调机制完善六个方面提出加强传统区域品牌保护的对策”。马清学（2009）在对“信阳毛尖”的研究过程中发现，“由于政府监管不力、标准不统一、分销渠道狭窄、缺乏知名企业品牌、宣传不足等”，“信阳毛尖”这一特色农产品区域品牌的发展现状不尽如人意。

王志刚、谭梦琳、包书政（2010）对日本的农产品区域品牌保护机制进行了相关的评价与分析，认为中国的农产品区域品牌保护，应该以日本为鉴，从本国的实际国情出发，积极完善区域品牌保护的相关法律、法规，充分发挥政府在区域品牌保护中的作用，大力发展农产品保护行业协会，强化相应的安全质量标准体系的监控，大力开展市场推广与广告宣传。王丽杰（2014）也同样以日本的农产品区域品牌保护机制为主体进行研究，指出学习日本农业区域品牌保护制度的发展对于促进中国现代农业发展、走精品化农业发展道路具有十分重要的启示作用。

刘世欣（2011）认为，区域品牌的知名不代表有声誉，因此在区域品牌维护过程中需要注重注册商标使用来维护区域品牌的声誉。

范公广（2012）认为通过构建品牌战略联合保护网络，对从事伪造品牌交易、生产、批发、零售的组织和个人进行严格的管制和监控，加强资源、信息、反伪造的监管才能有效进行品牌维护。陈昊博（2014）认为由于“农产品地理标志”辐射范围相对较窄，因此需要注意品牌“公地悲剧”现象的发生，加强对知名品牌的保护。

汤跃、孙智（2013）从法制的角度出发，以知识产权为契机，认为在区域品牌的保护过程中，要注重知识产权的可持续开发与运用，增进区域经济发展的活力，提升区域产业的核心竞争力，助推创新型国家的建设。

总体而言，已有文献对农产品区域品牌维护的研究尚浅，对维护体系的构建也尚未提出较为完善合理的建议，因此本书在农产品区域品牌构建的模型当中，结合实际，对农产品区域品牌维护体系进行构建。

1.5 研究内容与技术路线

1.5.1 研究内容

本书以构建特色农产品区域品牌的科学发展模式为目标，梳理分析了近年来区域品牌构建方面的相关文献，对比分析了品牌、公共品牌、地理标志品牌三者与农产品区域品牌概念之间的联系与区别，结合原产地效应理论、公共物品理论、品牌效应理论、品牌竞争力理论、产业集群理论、利益相关者理论，构建了特色农产品区域品牌科学发展的区域品牌构建三维模型；并通过对新疆特色农产品区域品牌发展现状的分析，以及“阿克苏苹果”区域品牌构建的实证研究，结合消费者购买意愿调查、品牌忠诚度调查，进一步验证了该模型的科学性，提高了该模型的应用价值；针对当前新疆特色农产品区域品牌发展现状中存在的问题，提出了相对应的对策建议及解决方案。

本书研究共分为以下四个部分，具体内容如下：

第一部分，绪论。即本书的第 1 章。该部分的作用在于总领全文、为后续的研究奠定理论基础。该部分首先对全文的研究背景进行介绍，并具体阐述了本书的研究意义与研究目标，确定了本书的研究方向，并对本书的研究主题相对应的研究综述进行梳理，并结合理论基础初步形成本书的研究理论框架。

通过技术路线图的描述，更直观地体现了本书的研究思路，之后又对本书所使用的研究方法进行简介，并阐述了本书的创新点与不足之处。

第二部分，新疆特色农产品区域品牌构建模型理论框架构建。由第 2 章和第 3 章构成，该部分先对区域品牌相关概念和理论基础进行综述，梳理了区域品牌、农产品区域品牌的概念，并对区域品牌的概念进行了补充与说明；后又对品牌、公共品牌、地理标志品牌与农产品区域品牌之间的联系进行了理论分析，并结合相关的理论基础及品牌构建的相关研究综述，初步形成了本书研究的基本理论框架；最后，以农产品区域品牌构建的模型框架为基础，从过程的角度分析特色农产品区域品牌建设的各个阶段以及各阶段所涉及的关键概念、理论及相关方法，分析了各阶段的主要作用及存在的价值与意义，并依据以往农产品区域品牌构建的相关研究，进一步完善并构建了特色农产品区域品牌构建的三维模型。该部分奠定了本书整体的理论及研究框架，并分析了该框架下各阶段的内在运行机制，为本书的核心灵魂。

第三部分，实证分析部分。该部分由第4章至第7章构成。该部分首先对新疆特色农产品区域品牌发展现状进行了较为全面的描述，结合中国特色农产品区域品牌发展的整体现状描述，与新疆特色农产品区域品牌发展现状形成对比。亘点分析了中国特色农产品区域品牌的整体情况、新疆特色农产品区域品牌的发展现状以及“阿克苏苹果”区域品牌的发展状况，为后续“阿克苏苹果”区域品牌的实证分析及相关对策建议的提出、保障机制的建设提供依据。其次对新疆特色农产品区域品牌所面临的问题的阻碍因素进行分析，结合新疆特色农产品区域品牌构建模型，以存在的问题为导向，以“阿克苏苹果”品牌构建过程为例进行实证分析，从实证的角度出发，以区域品牌构建模型为框架，验证了模型的科学性和应用价值。最后结合上述分析，对新疆特色农产品区域品牌的构建提出相对应的对策建议与保障机制。

第四部分，结论。由第8章构成。总结本书的研究结论，并阐述了本书存在的不足之处，并对后续的研究方向进行了展望。

1.5.2 技术路线

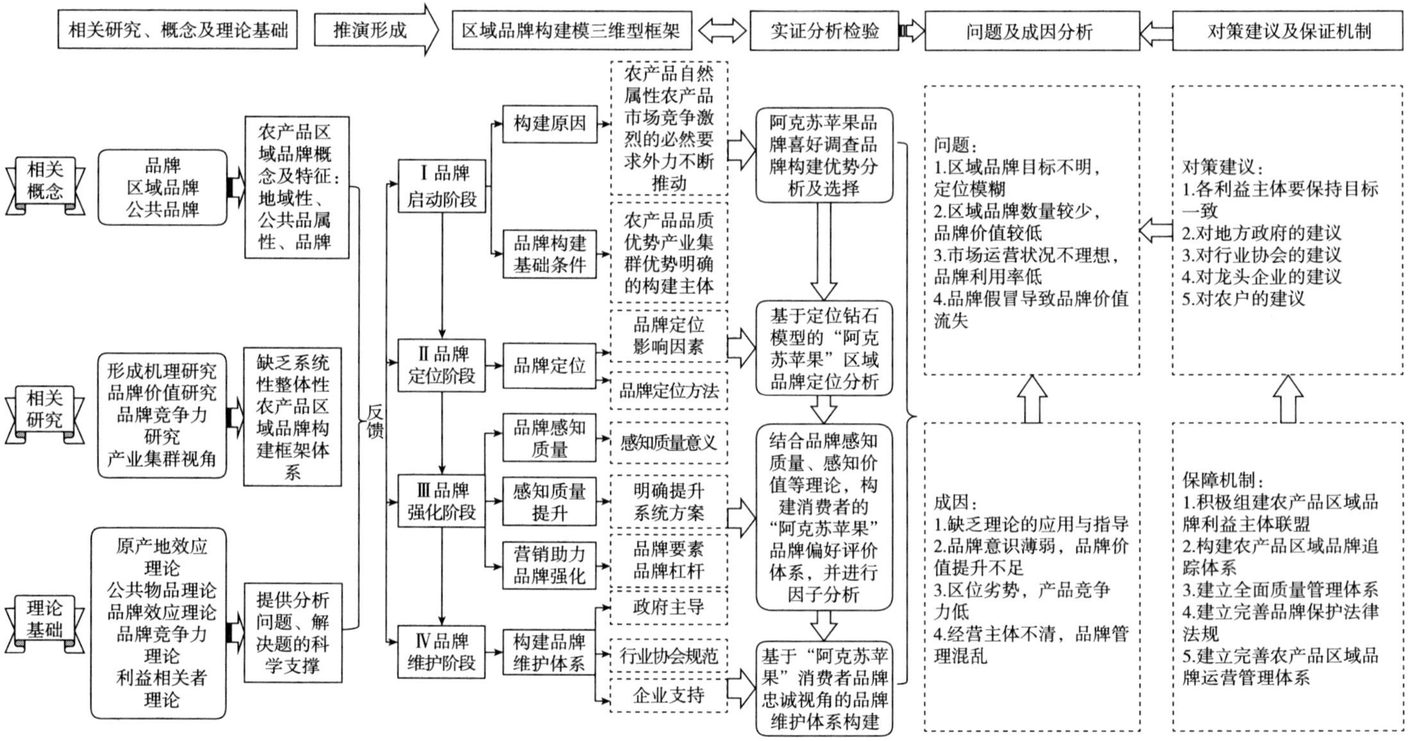

图 1-1　本书技术路线

1.6　研究方法

本书结合实际需要，对于理论模型的构建及理论框架中内在机制的分析主要以文献的分析、整理与归纳演绎推理为主；对于理论模型的科学性检验则主要采用理论与实践相结合、定性与定量相结合的分析方式。本书中具体使用的研究方法如下：

（1）文献分析。理论框架的建构需要建立在阅读大量文献的基础之上，只有充分了解相关的研究情况，才能查缺补漏，有所创新，本书对近年来国内外的相关论文、期刊、报纸等进行大量阅读，并进行整理归纳，有针对性地对农产品区域品牌构建、农产品区域品牌建设、农产品区域品牌培育等关键词进行搜索，多方面地对文献进行梳理、总结、归纳，提炼本书研究所涉及的关键概念，为本书的写作打下坚实的理论基础。

（2）实地调查与问卷调查。研究特色农产品区域品牌的构建需要获得一手研究资料和数据，并在此基础上进行实证研究，一手数据的获取对于更准确地把握现状具有重要意义。本书在获取一手数据的过程中主要采用实地调查与问卷调查两种方式。

（3）比较分析。在进行新疆特色农产品区域品牌现状分析过程中，本书采用了比较分析的方法，结合全国各省市农产品区域品牌的发展现状进行对比分析，从而体现和突出新疆特色农产品区域品牌发展过程中所体现的问题。

（4）案例分析。理论框架的构建离不开实践的检验，因此本书在检验所构建理论框架的科学性与应用性上，除了基本的理论逻辑推理之外，还选择了“阿克苏苹果”区域品牌为研究对象，针对性地结合所构建的理论框架模型进行实证分析，以充分验证理论模型的科学性与应用价值。

（5）规范研究与实证研究相结合。理论研究是实践过程的重要支撑，有了科学的理论做指导，实践过程才能少走弯路，才能更高效地实现目标，因此出于理论和实践的共同需要，本书首先进行了规范性的理论推导，后又将所创建的理论模型应用于“阿克苏苹果”区域品牌的实证研究。

（6）定性研究与定量研究相结合。探究农产品区域品牌忠诚度影响因素的过程中，首先应用基础性的定性研究分析方法，对影响特色农产品区域品牌忠诚度的影响因素进行总结归纳，再根据其结果构建结构方程模型，对所构建的理论框架进行验证。

1.7 本书创新点和不足之处

本书从新疆特色农产品区域品牌的发展现状入手，并通过对相关理论基础的梳理以及研究文献的总结归纳，构建了新疆特色农产品区域品牌的构建模型框架；并通过现状分析结合定量分析，验证了模型的科学性和有效性，本书可能有以下的创新性：

第一，研究视角的创新。本书从系统的角度出发，以农产品区域品牌构建过程中的各阶段为视角进行研究，包括品牌启动阶段、品牌定位阶段、品牌强化阶段、品牌维护阶段。从当前的农产品区域品牌的相关文献的研究来看，目前尚缺乏从系统性、整体性的角度构建农产品区域品牌的构建模型的研究。当前学者的研究普遍聚焦于这一过程体系中的若干环节，因此本书结合现有的文献研究成果，从品牌构建的过程阶段视角，全面剖析特色农产品区域品牌构建的全过程，科学地提出区域品牌构建三维模型框架，并探究了新疆特色农产品区域品牌构建模型的内在运行机制，有助于丰富农产品区域品牌的相关研究理论，这可能是一种创新。

第二，在对“阿克苏苹果”区域品牌的实证研究过程中，开发了相关的品牌偏好量表，并探索性分析了消费者购买“阿克苏苹果”过程中，品牌对其购买决策的影响。并以“阿克苏苹果”区域品牌为例，验证了品牌形象、感知质量、感知价值、品牌认同、品牌信任、品牌忠诚之间的影响机制，实证检验了农产品区域品牌构建模型的科学性与应用价值。得出区域品牌形象对消费者感知质量起正向影响作用；区域品牌形象对消费者感知价值起正向影响作用；区域品牌形象对消费者品牌认同起正向影响作用；消费者感知质量对感知价值起正向影响作用；消费者感知质量对品牌认同起正向影响作用；感知质量对品牌认同起正向影响作用；感知价值对区域品牌信任起正向影响作用；感知价值对区域品牌忠诚起正向影响作用；区域品牌认同对品牌信任起正向影响作用；区域品牌认同对品牌忠诚起正向影响作用；区域品牌信任对品牌忠诚起正向影响作用。并依据新疆特色农产品区域品牌的发展过程中所产生的问题，针对性地提出相关的对策建议及保障机制，为各地区特色农产品区域品牌的构建及发展管理过程提供了一定的借鉴，这可能是一种创新。

不足之处：本书在模型构建的过程中，由于个人的知识、时间和能力存在局限性，仅构建了特色农产品区域品牌构建体系的内在框架，对外在环境对该模型的影响缺少必要的讨论与检验，这是本书研究的不足之处。

第 2 章　相关概念及理论综述

本章研究的主要内容在于通过对农产品区域品牌相关概念及理论进行梳理与综述，结合实际现象，对区域品牌的概念进行梳理与规范，完善区域品牌的概念界定，并在此基础上，对农产品区域品牌概念、区域品牌认知研究和区域品牌建设理论三个方面进行补充和完善，进而初步构建农产品区域品牌构建的理论框架，为后续理论框架的验证打下坚实的理论基础。

2.1　相关概念综述

2.1.1　品牌

品牌最初的本意是：为事物"打上烙印"，以能够更便捷地进行区分，从而能够迅速做出选择或决策，提高决策的效率，辨别事物的从属，做到迅速识别并区分自己的所有物，以达到高效区分的作用，这也是品牌最根本的属性作用。也正是根据品牌的这一属性作用，美国市场营销学会（AMA）把品牌定义为："用来识别一个或是一群产品的名称、术语、象征、记号或是设计及其组合，用以和其他竞争者的产品与劳务相区别。"

著名营销管理大师菲利普·科特勒（Philip Kotler）认为："品牌是由品牌名称与品牌标志所构成的系统，具体包括名称、术语、图案、符号、标记等，可用于识别不同销售者的产品或服务，并可使之与竞争对手的产品或服务相区别。”广告大师大卫·奥格威（1955）发表论述认为：“品牌是一种错综复杂的象征，是品牌属性、包装、名称、历史、声誉、广告风格的无形组合。”国内著名学者王海忠教授从品牌的内涵对品牌进行了更有深意的描述，他认为，品牌是消费者对产品及供应商的所有体验和认知的总和，从消费者感知的角度深层表达了对品牌内涵的理解。综合各位专家对品牌的定义不难发现品牌具有以下的功能作用：

（1）增强识别作用：品牌的识别功能是品牌最本源、最基本的属性作用。这也是品牌存在的基本价值，没有这一基本属性，就不可能产生品牌。

（2）信息传递作用：品牌是向消费者传递信息的重要载体，消费者通过品牌传递的信息，对其购买决策产生重要的影响，信息在传递过程中，主要的媒介是产品包装、品牌名称、品牌色彩、品牌图案等。

（3）信用背书作用：品牌是企业与消费者之间相互信任的重要媒介。品牌代表着品牌主体的所有权益，代表着品牌主体向消费者表达的承诺，因此品牌也是企业重要的信用符号。而且依法注册的品牌，品牌所有者、品牌的使用者、品牌的购买者都可以利用法律武器维护自己的合法权益，极大程度地降低交易成本。

（4）提高溢价作用：品牌作为一种无形资产，具有其相应的品牌价值，而这种品牌价值使得产品具有溢价能力。品牌溢价即品牌的附加值。一个品牌同样的产品能比竞争品牌卖出更高价格，称为品牌的溢价能力。产品品牌的溢价功能能够为产品所有者带来持续性的、较高的市场收益。

正是品牌的基本属性和品牌的基础功能，使品牌在竞争激烈的商品竞争时代成为创造价值、提高竞争力的重要方式，是在经营过程中形成差异的重要支撑，品牌既可以提高消费者对产品的忠诚，又能增加其他竞争者的进入壁垒，形成较高的竞争障碍，并更好地增加产品的边际收益，农产品区域品牌与品牌之间的最根本作用有着密不可分的联系，这种联系使得农产品区域品牌同样具有相同的品牌价值，这也是农产品区域品牌研究的根本价值和根本动力所在。

2.1.2 公共品牌

伴随着人们对品牌的不断研究和探索，公共品牌的说法应运而生。但是经过多方查阅，公共品牌的概念很少有人对其进行详尽的描述，公共品牌很少独立存在，大部分都与地域或产品一同出现，如农产品公共品牌、区域公共品牌等。但也有学者对公共品牌进行了界定，如裴蓉、张平淡（2006）提出“所谓公共品牌，就是众多主体由于地域、行业属性等自然特征而联系在一起所共有的品牌”。高航（2007）认为“所谓公共品牌就是一定区域内以某种产业特色为纽带形成的区域品牌形象，其最大的特点就是品牌的公共性”。陈秋红、找瑞安（2008）认为“区域品牌即区域企业公共品牌（Enterprises Public Brand）是指一定行政或地理区域范围内形成的、以区域内某一比较优势为核心价值的、区域内符合一定条件的企业族群共享的公共品牌”。

通过各专家对公共品牌的认识，公共品牌可以被理解为某一行业或区域内的组织或企业在经营过程中逐渐形成的关于产品或者服务能够让消费者以及利益相关者一致认可的、具有一定美誉度和知名度的名称和标志。可以看出，公共品牌的主要特征在于特定区域范围内的品牌公共属性，其核心在于公共性，区域范围中的所有企业及个体都可以使用。

笔者认为，公共品牌虽然被称为品牌，但它更是品牌公共化的一种表现。而这种表现在农产品区域品牌的形成过程中也会经常性地出现，并对区域品牌的发展造成一定的影响，这种影响既有正面的影响，如促进产业化的进程；也会有负面的影响，如“公地悲剧”“柠檬市场”的发生。

2.1.3 地理标志品牌

地理标志品牌的概念最早产生于欧洲，但是各国的法律对其定义都有所不同。1883 年的“巴黎公约”最早提及了“产地地理标志记”，并且认为地理标志的出现对消费者起到一种有效识别产品的生产地理区域的作用；之后，1891 年的“马德里协定”、1958 年的“里斯本协定”将其名称改为“原产地名称”；直至 1994 年，《TRIPS 协定》中首次提出了“地理标志”一词，并将其定义为：“地理标志是指识别某一产品或货物来源于某一成员国属地或境内，表明产品质量、信誉或其他特征的标记，这些特性主要取决于原产地的自然环境，包括地理环境和人文环境。”

在“地理标志”的概念进入中国之前，中国一直使用原产地名称，后加入《TRIPS 协定》之后，改用“地理标志名称”，并在《商标法》中对地理标志进行了解释与说明：“地理标志是指标示某商品来源于某个地区，该商品的特定质量、信誉或者其他特征，主要由该地区的自然因素或者人文因素所决定的标志。”

在地理标志产品品牌的形成过程中，必须具备三个条件：①需要具备产品地理标志。②该标志能够有效呈现产品的品质属性，且具有来源地的识别作用，最重要的是，产品品质与该地理区域具备因果关系。③有明确的品牌主体。只有具备了这三个条件地理标志产品品牌才能形成。

农产品区域品牌与地理标志产品品牌之间的联系是非常紧密的，在大多数的情况下，地理标志产品品牌往往也就是该产品的区域品牌。

2.1.4 区域品牌

目前，对于区域品牌的概念，学术界尚且没有一个统一的概念，而且随着这一“概念”所使用的环境的变化，使得“区域品牌”四个字在不同的环境中往往会有完全不同的含义，从而给研究者及学习者带来很大的困惑，并造成概念上的混乱。大多数的学者认为：所谓的“区域品牌”就是“区域的品牌”，“区域的名称”就是区域的品牌。如“国家品牌”（Country Brand）、“城市品牌”（City Brand）、“目的地品牌”（Destination Brand）、“政府品牌”（Nation Brand）、“地区品牌”（Place Brand）、“社区品牌”（Community Brand）

等。还有一些学者认为：产业集群促进了区域品牌的形成，而且很多的产业集群的名称就是区域品牌的名称。所以，他们认为“产业集群名称”就是区域品牌。

这两种观点也是目前大多数人心中对于区域品牌的理解。然而这两种观点从各自的出发点来看虽然并不存在太大的问题，但很明显，它们在区域品牌的认知上，没有从本质上进行辨析，所以才造成了双方对区域品牌概念理解的不同。因此，到底什么是区域品牌？该如何界定区域品牌？区域品牌的本质属性是什么？这些值得进一步进行探讨。

有学者提出，区域品牌主要包括三个关键性要素：区域、产品和品牌，他们提出了区域品牌中的隐藏性要素，认为区域品牌中的区域要素应该是一个具有特定区位优势的地理范围，而且在该特色地域下，形成了具有特色且被消费者喜爱的产品，也包括无形的服务。因此，在这一条件下，区域品牌中的区域可以大到国家，小到村落等。而区域品牌中的产品要素是连接区域与消费的纽带，它的存在与该区域有着密不可分的联系，且如果没有这一区位优势则无法形成该产品的特色与差异。品牌要素是指以“区域名称＋产品名称”来命名的方式起到了类似品牌作用的时候，即形成了区域品牌。这种以“区域名称＋产品名称”的命名方式起到了形成差异，便于消费者做出购买决策，提升了产品价格的作用，这个时候则形成了区域品牌。

上述观点已经基本上可以解释大部分的区域品牌的现状，但是仍有一些区域品牌无法按照这种界定来进行解释，如“中国制造”等。因此，笔者在已有研究的启发下，通过与专家悉心交流后得出区域品牌形成的条件或属性：

第一，区域品牌一定与区域有关，该区域从区域的地理空间范围上来说有大小之分，大到国家洲际，小到城市村庄，但区域品牌中的区域一定与该区域所要形成的产品品牌之间有不能分割的联系，这一联系即该区域的独特区位优势才能造就该类型的产品或品牌的形成，或者该区域是这一类型产品或品牌的独有专属区域。

第二，品牌的承载者。品牌承载者往往是以产品为主体的，但从现今区域品牌的发展现状来看，这一概念已经扩大为领域层次的概念，如制造业、手工业这一行业领域。区域品牌依然会不断地完善与发展下去，未来在区域品牌的形成过程中还会有什么类型的品牌承载者是无法预测的，但在区域品牌形成的过程中，品牌承载者必不可少。而这些品牌承载者需要具备相应的在其领域或产品上的独特的优势、能够被消费者认可的且能够明显与其类似承载者相区别的特征，满足以上两个条件才能形成区域品牌。

所以，笔者认为区域品牌是指在特定的地理空间范围内，以该地理空间名称为主要品牌名称构成主体的对该地理空间范围内所产生的具有独特的区位优势的产品、产业、文化、技术等事物的品牌化的命名，其具有有效区别同类产品及获得消费者认可的本质属性。

因此按地理区域的大小范围的不同，可以将区域品牌分为广域区域品牌和狭域区域品牌。广域区域品牌是指在地理空间上，品牌的辐射面积超越省级概念。而狭域区域品牌则是指辐射面积在省级及以下的地理区域范围内的区域品牌。本书研究的新疆特色农产品区域品牌属于狭域区域品牌。

总结来看，无论是广域区域品牌还是狭域区域品牌，其都需要具备以下条件：

（1）区域独特性。区域品牌中的“区域”要素虽然是地理行政区域，但该区域需具备独特性，这种独特性是指难以被模仿和难以被取代。如一个地域的自然生态体系，这种特性就难以被模仿，难以被取代。

（2）产品与区域的不可分离性。区域品牌中最重要的因素其实是产品而不是区域，一旦区域中的产品脱离了该区域，依然可以生产，那该产品的区域品牌就失去了意义，这样的产品也不应用区域来命名，这种产品与区域的不可分离性就是一旦产品离开了该区域则无法生产或者无法做到与当前产品特色一致的程度，且质量上会出现大幅度的下滑，只有满足这一特性，才能保证区域品牌的独特优势。

2.1.5 农产品区域品牌

从上述的分析中可以看出，农产品区域品牌是区域品牌的一种，与农产品有密不可分的关系。由于主体是农产品，农产品在需要不同自然地理环境下生长，因此所造就的产品差异就很容易与区域地理位置相关联，因而更容易形成特色农产品区域品牌。

但从当前学者对农产品区域品牌的研究来看，对于农产品的区域品牌目前还没有形成相对统一的专业术语，学者们的视角不同，对农产品区域品牌的称谓也不同。例如，“农业区域品牌”“农产品区域品牌”“农产品区位品牌”“地域农产品品牌”“高端农产品区域品牌”等。其中，使用较多、影响程度也比较大的是浙江大学 CARD 农业品牌研究中心所提出的“农产品区域公用品牌”的概念，即“特定区域内相关机构、企业和农户等所共有的，在生产地域范围、品种品质管理、品牌使用许可、品牌行销与传播等方面具有共同诉求与行动，以联合提高区域内外消费者的评价，使区域产品与区域形象共同发展的农产品品牌”。这一概念是在结合了公共品牌的性质下所产生的，因为大部分的农产品由于其产品的同质化性质较强，一定区域范围内差异性不大，且又在同一地理区域中进行生产，这种条件下使得大部分的农产品在自生属性上极容易产生公共属性，而这种公共属性，在农产品区域品牌形成之时也更为容易地聚集到农产品区域品牌当中，展现出公共品牌属性。

虽然称谓不同，但所代表的含义基本一致，因此由于农产品具有特殊性，农产品区域名称一般又跟地理标志品牌中的地理标志产品的区域相同，且往往属于同一区域，产品即是该地理产品标志区域下的农产品。因此本书在农产品区域品牌构建研究的过程中，在农产品区域品牌的现状分析过程中，使用农产品的地理标志品牌作为分析的依据。但并不是所有的农产品区域品牌都是地理标志品牌，申请加入地理标志品牌需要经过层层的申请与审核，因此，地理标志品牌往往是农产品区域品牌，强势的农产品区域品牌往往也可以注册为地理标志产品品牌。因此，本书在研究新疆特色农产品区域品牌构建的过程中，部分章节的分析以地理标志产品品牌为主要的研究对象。

因此，通过对现有文献进行整理总结后，笔者认为农产品区域品牌具备以下基本特征：

（1）地域特性。在农产品的生产过程中，农作物对其赖以生存的自然环境有着较强的依赖性，而这种自然环境属性又与该农产品所处的地域有着密不可分的关系，因而就表现为农产品与地理区域之间的密切联系，农产品区域品牌与地域之间的密切联系自然而然地形成。

（2）公共品属性。由于农产品具有相对的非排他性，农产品又具有一定的种植普遍性，从而造成了农产品品质上的差异性很难从产品品质上完全表现出来，而这种极小的差异性则在农产品区域品牌的发展过程中转换成了产品品牌的公共属性，即同一地理区域范围内所种植的该品类农产品共同享受该地区的区域品牌。而这种公共性却往往会给农产品区域品牌带来“公地悲剧”。

（3）品牌性。农产品区域品牌本质上离不开品牌的基本属性，所以品牌性也是农产品区域品牌的根本属性所在，作为品牌的一种，其本身所具备的品牌效应将成为农产品区域品牌最根本的价值所在。农产品区域品牌是一种无形资产，农产品区域品牌具有提升产品附加价值的能力，是品牌溢价的根本体现，农产品区域品牌对提升农产品竞争力有巨大的推动作用。

2.2 理论基础综述

2.2.1 原产地效应理论

原产地效应是农产品区域品牌的重要理论基础之一。品牌原产地是指某产品的产地出自某个国家或某个地区，这些产地区域则被称作“原产地”。

与原产地密不可分的一个重要属性便是原产地效应，国外学者 Schoole 认为，原产地效应是指“消费者对品牌原产地的总体认知会影响消费者对原产地产品评价和购买决策”。Jaffa 和 Nebenzahl（2001）从原产地形象的角度对原产地进行了阐述，认为这一形象当中涵盖了消费者对来自某地区产品的总体感受。国内学者金镛准、李东进、朴世桓（2006）认为原产地效应是指消费者评价产品时产品所在地域对消费者判断的影响程度，这种产品在评价过程中，以原产地形象为核心影响因素的机制被称为原产地效应。国内著名品牌研究专家王海忠、赵平（2004）在其研究中对品牌的原产地效应的影响机制进行分析发现，原产地对消费者的品牌信念以及购买意向决策具有显著的影响。吴坚、符国群（2007）认为品牌来源国对消费者的购买意愿也会产生显著影响。

2.2.2 公共物品理论

公共物品的概念是著名经济学家萨缪尔森在 1954 年出版的《公共支出的纯粹理论》一文中首先提出来的，他认为所有人都可以共同使用的物品就是公共物品，该物品具有相对的非竞争性，意味着对该物品的使用和消耗并不会导致他人对该资源的使用。公共物品还具有非排他性。意味着新增使用者在消耗公共物品的过程中其边际成本为零，正是公共物品的非竞争性与非排他性导致公共物品在使用过程中会经常性出现“公地悲剧”以及“搭便车”的现象。当今学者的普遍共识是，对于公共物品的管理，其主体应当为政府。

同样，农产品区域品牌必然会像公共物品一样，面临“公地悲剧”及“搭便车”的问题，因此在农产品区域品牌的构建与发展过程中，确定管理主体是解决这一问题的重要举措，而政府应当主动承担起相应的管理职责。

2.2.3 品牌效应理论

品牌的本质作用在于通过品牌形象，消费者能够在众多同种类的商品中迅速做出辨识与选择。品牌效应具体表现在四个方面：①增强识别作用。品牌的识别功能是品牌最本源、最基本的作用。这也是品牌存在的基本价值，没有这一基本价值，就不可能产生品牌。②信息传递作用。品牌是向消费者传递信息的重要载体，消费者通过品牌传递的信息，对其购买决策产生重要的影响，信息传递的主要媒介是产品包装、品牌名称、品牌色彩、品牌图案等。③信用背书作用。品牌是企业与消费者之间相互信任的重要媒介。品牌代表着品牌主体的所有权益，代表着品牌主体向消费者表达的承诺，因此品牌也是企业重要的信用符号。而且依法注册的品牌，品牌所有者、品牌的使用者、品牌的购买者都可以利用法律武器维护自己的合法权益，极大程度地降低了交易成本。④提高溢价作用。品牌作为一种无形资产，具有其相应的品牌价值，能够发挥溢价作用。通过产品品牌的溢价功能，能够为产品所有者带来持续性的、较高的市场收益。

2.2.4 品牌竞争力理论

品牌构建的最终目的便是不断提高企业的品牌竞争力，品牌竞争力是品牌效应能力的外在集中表现，强大的品牌竞争力能够具备更强的品牌效应，更好地促进企业品牌的发展，提高产品的竞争力，从而获取更大的市场份额。Chernatory D.（1998）认为“品牌竞争力的关键是要通过提高品牌产品的附加价值实现品牌溢价，更好地为顾客服务”。中国学者李光斗（2005）认为“品牌竞争力主要包含品牌的市场力、核心力、领导力以及忠诚力等。它是品牌市场影响力大、占有率高、生命力强的深层原因”。

2.2.5 利益相关者理论

品牌利益相关者就是指与企业的品牌运营活动息息相关，且在企业品牌运营活动开展过程中能够对企业品牌的发展产生影响的所有团体和个人，这些团体和个人称为品牌的利益相关者。利益相关者理论的重要意义在于，在进行品牌构建的过程中，除了要关注与品牌理论直接相关的各部门及群体之外，其余的利益相关者群体依然很重要，不能忽略。

该理论对于新疆特色农产品区域品牌的构建同样具有重要的借鉴价值，即在区域品牌的构建过程中，应多方面地进行综合考虑，从利益相关的角度出发，尽可能地做到满足所有利益相关者的需求。

2.3 本章小结

从品牌的相关概念再到品牌相关理论的综述，可以得出本书研究的出发点及理论的重要依据，为下文的分析研究提供有效的理论支撑，主要包括以下几个方面：

（1）农产品区域品牌是具备了农产品地理标志属性和原产地品牌属性的品牌，农产品区域品牌具有以下品牌作用：增强产品识别作用、良好的信用背书作用、有效的信息传递作用及不断创造产品溢价的能力。因而，做好的农产品区域品牌的构建与培育对促进农产品竞争力的不断提升、提高农业现代化的水平以及中国现代农业的发展具有促进作用，也更进一步地说明了本书的研究价值和研究意义，并奠定了本书研究的理论基础。构建农产品区域品牌是提高中国农产品竞争力、促进中国农业发展的重要举措。

（2）在从公共品牌概念到地理标志品牌再到区域品牌概念的梳理过程中，本书从品牌辐射的地理区域的角度，得出了广域和狭域的两个区域品牌的概念，对区域品牌的概念进行了一定的延伸及补充，也对未来研究的方向提供了一定的思路，在未来的区域品牌的研究过程中，要从狭域的区域品牌的研究逐步向广域区域品牌的研究延伸，不断丰富区域品牌的研究体系及内容。

（3）品牌效应是农产品区域品牌构建价值与构建意义的保障，不断促进和放大农产品区域品牌效应，才能获得更好的品牌竞争力，最终为农产品竞争力的提升、农业竞争力的提升提供有效的支撑。所以本书结合相关的理论，从扩大品牌效应能力、从提升品牌竞争力的角度出发，结合品牌美誉度、知名度、忠诚度的基本度量标准，从消费者感知的出发点，进行了典型性的案例研究，目的在于能够从现实出发、从消费者需求出发，得出能够提高产品品牌价值的有效途径与方法。

（4）公共物品理论充分体现出了农产品区域品牌在实践的过程中可能会遇到的相关问题，因此，以公共理论为依据，在农产品区域品牌构建过程中要防止“公地悲剧”“柠檬市场”等现象的发生。因此在农产品区域品牌构建体系中应该考虑到相应的保障机制及保障方法，从何处入手、谁来执行、用什么方法等是在农产品区域品牌构建体系中必须要考虑的部分。

（5）针对农产品区域品牌由谁来构建，农产品区域品牌构建主体的确定，农产品区域品牌的运行过程中的维护又应该有哪些组成部分，谁来牵头等一系列问题，我们从公共物品理论以及利益相关者理论中找到了依据，即在农产品区域品牌的构建过程中，其利益相关者都应在这个系统中发挥应有的作用，政府、企业、合作社、农户、消费者、政府应该发挥主导作用，其余角色在构建体系当中也应承担相应的具体责任。介于此，在农产品区域品牌构建过程中、在对策的制定及发展的保障机制的提出过程中便有了一个明确的分析方向，即从利益相关者的角度提出产品区域品牌构建及发展过程中的对策建议与保障机制。

（6）上述学者的研究已经从农产品区域品牌构建的多个层级与相关领域做出了验证、分析与探讨，也已经较为完整地对区域品牌构建过程中的每个环节做出了解释与说明，但在某些研究领域当中美中不足的地方仍有很多：

关于农产品区域品牌形成的影响因素方面的研究，学者们主要对区域品牌的形成过程中的影响机理做出了较为充分的分析，其影响因素的分析更多的是从区域品牌的外部性因素进行分析，结合区域品牌自身特征及与消费者之间的感知价值之间的影响分析较少，区域品牌的形成过程中，其外部性因素应作为主导因素是无可非议的，但是在形成的过程中也并不能忽视消费者在区域品牌形成过程中的影响作用，这方面的研究还有待进一步的加深和完善。

通过强势农产品区域品牌的构建，可以提高区域内农产品的品牌价值，进而获得更高的品牌溢价能力，农产品在营销过程中便可以获得更高的利润空间，获取更大的收益。关于农产品区域品牌价值提升的研究，学者们从不同的视角进行了分析，其中以消费者的品牌认知价值为基础提升区域品牌价值是近年来研究的重点，从消费者的认知价值入手，有针对性地对消费者品牌认知感受进行干预，进而有效提升区域品牌的品牌价值。在该推论下，以消费者品牌认知感受为依据提升品牌忠诚度，从而促进区域品牌价值提升的逻辑思路是成立的，但在以消费者感知为依托的品牌价值提升的研究中，大多学者还是从基本的定性分析入手，缺少强有力的定量分析作为依据，因此本书通过构建影响区域品牌忠诚度的结构方程，在区域品牌的定位过程中，以消费者区域品牌的感知价值为依托，运用 SEM 结构方程的方法，构建结构方程模型，对消费者的区域品牌忠诚度影响因素进行分析。

农产品区域品牌竞争力的提升需要以农产品区域品牌价值的提升为前提，而农产品的市场竞争力的不断增强为中国农业竞争力的不断增强打下坚实的基础。因此，本书结合经典的钻石竞争模型，并根据所研究的主体特色，结合系统动力学原理，从品牌构建的整个系统体系上和生态学的视角思考农产品区域品牌竞争力的提升，并提出相对应的解决路径与解决框架，为农产品区域品牌竞争力的提升以及农产品区域品牌的构建开拓了新的视野。

在农产品区域品牌保护的研究方面，首先关注品牌保护的研究学者还较少，而且对于中国农产品区域品牌保护机制的研究尚处于空白，尚未出现能够结合本国国情提出具有针对性的保护机制的研究。其次学者们主要从运行机制、知识产权及法律途径等方面对品牌保护进行了研究，但站在农产品区域品牌构建主体的角度来分析农产品区域品牌构建的科学框架体系的研究仍不足，因此本书从农产品区域品牌构建主体的角度出发对品牌管理体系的完善程度进行创新研究。

总而言之，在现有的农产品区域品牌构建的研究中，定性的研究居多，定量的研究较少；研究形成机制影响因素的内容居多，从系统角度结合品牌管理系统体系的研究较少；多角度研究居多，而系统性的研究较少。因此，本书结合相关的理论与现有的研究，以新疆特色农产品区域品牌的发展现状为依托，分阶段展开品牌构建研究，创建农产品区域品牌构建模型基本框架，主要环节包括：农产品区域品牌启动阶段、农产品区域品牌定位阶段、农产品区域品牌强化阶段、农产品区域品牌维护阶段四个层面。并初步形成整体构建模型框架，如图2－1所示。

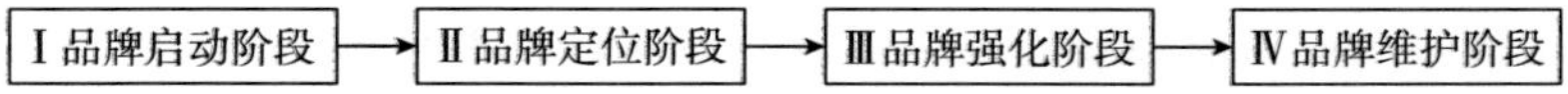

图2－1　农产品区域品牌构建模型初步框架

第3章　特色农产品区域品牌构建模型及内在机制分析

本章结合上述章节中对相关概念、理论基础以及相关研究的梳理和分析，结合已有农产品区域品牌构建方面的相关研究，在这些理论及研究基础上，选择从系统性、全局性的角度出发，进一步完善特色农产品区域品牌构建框架。本章将深入分析、推论各阶段的重要性与必要性，逐步完善并形成特色农产品区域品牌构建的完整理论框架，并对其内在的运行机制进行分析，为本书后续的分析过程打下坚实的理论基础。

3.1　特色农产品区域品牌构建品牌启动阶段

品牌启动阶段是品牌构建过程的最初环节，在特色农产品区域品牌构建过程中，第一步同样也应是品牌启动，该环节奠定了品牌未来的发展方向，具有十分重要的纲领作用。在品牌启动阶段，往往需要解决以下重要问题：①确定为什么要构建品牌，即品牌构建的原因分析。②构建品牌的条件是否具备？即品牌构建的优势分析。这些问题同样适用于特色农产品区域品牌的构建，下面将以这两个问题为框架，对农产品区域品牌的品牌启动阶段进行分析。

3.1.1 特色农产品区域品牌构建原因分析

特色农产品区域品牌构建的根本原因在于品牌权益在产品市场竞争中所发挥的重要意义。对于品牌权益的定义当前的学者们众说纷纭，从字面意义上可以理解为“品牌所带来的特权和利益”。但更为科学和普遍被公众所接受的是Kevin Lane Keller（2009）基于顾客视角的品牌权益定义，即“顾客由于对品牌拥有的知识所导致的对品牌营销活动的差异性反应”。从这一概念可以看出，“创建品牌的关键目标是要在消费者心中形成强有力的品牌认知和品牌形象”。故而，强势品牌对消费者的消费行为将起到巨大的影响作用，主要表现为：①强势品牌让消费者愿意支付溢价且对价格更不敏感，大量研究表明，消费者愿意为知名品牌支付一定的溢价，且随品牌知名度的不同，人们愿意支付的溢价也不相同。②强势品牌让消费者具有更大的品牌忠诚度。③强势品牌有助于提高消费者对产品品质的感知，原因在于，在现今激烈竞争的市场活动过程中，产品的同质化越来越强，相似性越来越大，消费者更难准确地对产品的客观质量进行评价（其主要原因在于信息的爆炸与信息的不对称或者消费者的知识的局限性），因此消费者对产品品质的判断往往会带有较高的主观性，而良好的品牌形象有助于提高消费者对产品品质的判断，有助于提升消费者对产品的感知质量。④强势品牌有助于提高产品的品牌延伸能力，当前的社会已经从产品竞争的时代转而进入了以品牌竞争为主的品牌经济时代，在品牌经济时代的今天，由于受到产品同质化的影响以及消费者需求多样化的影响，产品在满足消费者的物质需求上已经趋同。因此需要以更广泛的产品生态圈来满足消费者日益增长的物质文化需要。如何能够快速地打造属于自己的产品生态圈，迅速被消费者认可？强势品牌所带来的品牌延伸能力很好地解决了当前的困境，强势品牌通过消费者“爱屋及乌”的品牌消费心态，迅速打造品牌产品生态圈，促进了品牌的可持续发展。

创建强势品牌过程中最常用到的就是Kevin Lane Keller的品牌共鸣模型，

如图 3－1 所示。只有当品牌处于该模型的金字塔塔尖时，才意味着这一品牌具备了深远的品牌价值。

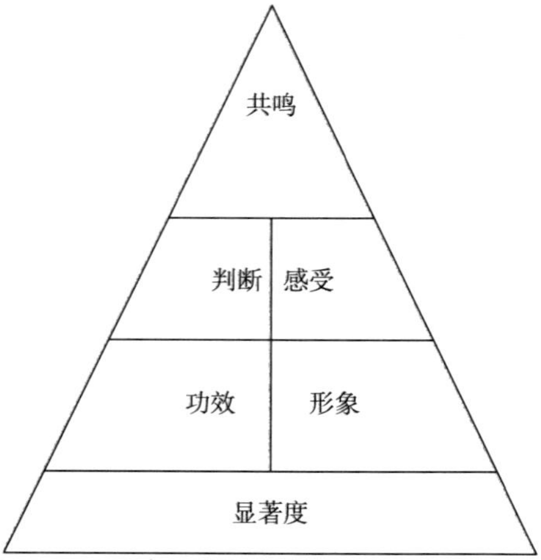

图 3－1　品牌共鸣模型

同理，对于特色农产品区域品牌而言，品牌的权益作用也同样适用，打造强势优质的特色农产品区域品牌，对提高农产品溢价及利润空间、提高消费者忠诚度、提升农产品品质感知、实现品牌的可持续发展及品牌延伸具有重要意义，这也是构建特色农产品区域品牌的根本动力，原因在于以下几点：

（1）农产品相对弱势的产品属性需要品牌构建。农业相对于其他产业来说，由于产业生产过程更容易受到不确定性极高的自然环境因素的影响，其产业的抗风险能力相对其他产业来说更低，这种对自然环境的高度依赖属性决定了农产品在生产的过程中存在着较高的风险性。而农产品与一般的工业产品相比，农产品的易腐性也使得农产品在流通的领域比其他产业的工业产品风险更高。尤其是生鲜类的农产品，在市场流通的过程中，这些相对较弱的产业属性反应会更加明显。因而，本就弱势的农产品还要面临虚假产品以次充好等恶劣竞争的手段，也因此更需要通过区域品牌构建来维护农产品的合法权益不受侵害，需要通过品牌的力量形成竞争优势，需要通过品牌的作用提高农产品的附加价值，需要通过品牌的作用提高农产品的竞争优势。在营销的过程中，通过品牌更好地体现产品差异与产品优势，提供消费者辨别产品产别的依据，有助于消费者高效地做出购买决策。

（2）激烈竞争的农产品市场需要品牌构建。在中国农业的生产过程中，中国的生产模式主要是以农户独立种植的状态分布在中国各省份，其种植的规模往往较小，不具有规模效益及规模经济，生产成本较高，但农业生产的进入门槛却很低，只要满足基本的农业种植的自然环境要素，或能提供农业生产时所需要的生产环境条件及要素，即可参与生产，如设施农业等。农产品的同质化很强，差异性不足，而且与一般的工业产品不同，农产品的需求受价格影响波动较大。

随着经济全球化的不断加深，农产品所面临的竞争已经不再仅仅是国内市场中农产品之间的竞争，还要面对来自国际市场农产品的冲击。因此，在日益竞争激烈的农产品市场中，品牌构建势在必行，通过品牌效应能够促进农产品竞争力不断提升。农产品区域品牌构建对于提高农产品抵御风险能力有极大的作用。农产品区域品牌作为一种无形资产、一种公共物品，其形成有利于促进农业产业的集聚与升级，在农业产业集聚下，相关领域的农业生产资源容易受到集聚效应的影响，农业生产资源会在产业集聚效应影响下，形成资源集聚效应，形成产业优势，从而形成较高的抵御农业风险的能力，无论是对来自市场的风险还是来自自然的风险，都能具备较高的抵御能力。

（3）外力不断推动的品牌构建。区域品牌的发展往往是在政府的主导下推进构建的，政府的引导会极大地促进农产品区域品牌的建设和发展，如中共中央、国务院连续8年对农产品区域品牌构建的重视，这种来自政府政策方向的指导建议对区域品牌的发展起到重要的引领和促进作用。而且地方政府可以更好地对区域范围内的产业要素、资源要素等进行整合，对区域品牌的建设以及发展具有重大的推动和支撑作用。

3.1.2 特色农产品区域品牌构建基础条件

一个强势品牌的打造一定是以优势的产品为依托，这种产品无论是有形的实物还是无形的服务，都需要具备优势的条件，优势是品牌成功打造的前提。特色农产品区域品牌的构建需要以优势产品为依托，需要以优势产业为依托，只有依托于具备一定优势且能明显区别于其竞争对手的产品，才能保证区域品牌的长期可持续发展。

在特色农产品区域品牌构建过程中，产品本身大部分都是具备相关的地域特色的，但由于农产品同质性强的原因，其差异性很难通过产品本身所展示出来，因而亟须对特色农产品区域品牌构建的优势条件进行分析，确定自己的优势特征，并将优势特色赋予到品牌内涵中，传递给消费者。所以，提取产品的差异化特色优势，并通过品牌形象传递给消费者是品牌启动阶段需要解决的重要问题。提取品牌优势资源需要把握以下原则，即优势资源特色的提取要以消费者需求为依据。只有从消费者的需求出发，从消费者的价值感知出发，优势的品牌资源效果才能击中人心，取得良好的品牌效应。一般而言，特色农产品区域品牌会具备以下优势：

（1）产品品质优势。特色农产品往往由于其独特的自然生长环境，其产品的品质与其同类产品在品质上表现出差异性，这种差异性是其他地区同类产品所无法取代的。即使品类、外观极具相似性，但其内在仍有明显的差异特征，此类特征可以发展为特色农产品的品质优势，但这在消费者对产品的内在品质属性极为关注的前提下才能够实现。如张裕葡萄酒庄园的选址以及原材料的采购，其优质的葡萄属性成为其重要的优势。

因此强势农产品区域品牌构建的基础是产品品质的独特性，优良的产品品质才是构建优势品牌的根本来源。而这些独特的产品品质是建立在独特的区位优势资源上的，逐渐地，区位优势特征代表了产品品质特质，消费者由于相关知识的局限性以及信息的不对称性难以区分产品品质，为了能够更好地进行农产品品质比较选择，他们会逐渐通过农产品的产地来确定产品品质。从而形成了以生产产地为代表性的地理标志品牌的概念，而具备了地理标志品牌的产品也逐步形成了良好的竞争优势，获取了更大的收益。

（2）产业集群优势。除了产品的品质优势之外，农产品区域品牌的形成也可以借助产业集群的优势，在产业集群优势下，利用优势产业，打造具有竞争力的农产品区域品牌。常见的产业优势主要是指由于产业集聚所形成的产业集群效应，产业集群效应促进企业与企业之间、企业与农户之间的专业化的分工与协作，极大地提高了知识共享、信息共享的效率，促进了市场信息化体系的构建，形成了集群性的供应链网络生产体系，这种极大的资源整合所带来的优势是十分明显的，各组成部分抗风险能力提高，运营成本、交易成本下降，资源得到优化配置，市场竞争力得到提升等。但这些只是构建区域品牌的前提，品牌的构建需要建立在这种条件的基础之上才能生存和发展。然而，形成品牌之后，这种以产业集群为优势的区域品牌会形成良性的发展循环，品牌形成给产业带来巨大的资源优势，集群效益的增加、品牌附加价值的增大等都会促进产业集群的升级和优化。

因此结合上述分析，特色农产品区域品牌的构成需要具备以下客观条件：要具备具有优势的农产品或具有一定的产业优势，只有优势产品或优势产业才能够形成区域品牌，品牌的形成是建立在已有的优势的基础上的。而产品或产业所具备的优势特质可能有多个方面，因此，选择哪种优势进行产品品牌的特质描述，将产品或产业的优势与所要构建的农产品区域品牌相结合，进行准确的信息传达，是在品牌定位阶段中需要解决的重要问题。

（3）明确区域品牌构建主体。具有发展区域品牌的优势产品或优势产业是构建强势农产品区域品牌的基石，但如果缺乏区域品牌的构建主体，则一切的优势都等同于零。区域品牌的构建主体是区域品牌构建过程中的最重要的角色，没有构建主体，就没有区域品牌的构建。虽然通常情况下，区域品牌的构建都是由政府主导，但主导者不一定是品牌构建的主体，以政府为品牌构建主体有其优势也有其劣势。优势在于政府主导的区域品牌构建主体在号召力、执行力、领导力等方面具有先天的优势。但其劣势在于，政府组织能够高效地构建区域品牌，但是在品牌的定位、发展、管理和维护等环节都缺少必要的市场经验，这些环节的运作更适合与消费者密切接触、能够准确把握消费者需求方向的企业或行业协会。而且，在现实的区域品牌构建过程中，笔者发现，政府开了一个好头，但在区域品牌后期的运营过程中，政府对品牌的管理及干预程度越来越低，基本上是任由该区域的企业或农户随意使用，品牌问题无人问津。企业认为应该由政府出面，政府认为应该由企业解决，造成这一现象的原因就是品牌构建主体不明确。因此在区域品牌构建当中最后一个必要条件，就是要有明确的构建主体，而构建主体可以不是一个部门或企业，笔者认为，“政府主导 + 行业协会牵头 + 企业”的品牌构建主体是现阶段相对完美的模式，各机构相互协作、各司其职，才能更有利于农产品区域品牌的构建。

3.2 特色农产品区域品牌定位阶段

3.2.1 品牌定位意义

品牌定位在品牌的构建过程中的重要性应该是排在第一位的，却也是最容易被遗忘的一环，在实践当中，这一环节的执行情况也不容乐观。很多区域品牌的构建并不会对该品牌进行定位，只是结合产品优势，对区域品牌进行申请和注册。

什么是品牌定位？著名的品牌战略管理大师 Kevin Lane Keller 对品牌定位进行了这样的论述，他认为，品牌定位是市场营销策略的核心，是“在顾客群的心智或者细分市场中找到合适的位置，从而使顾客能以合适的、理想的方式联想起来某种产品或者服务”的过程。

那么什么是农产品区域品牌定位？笔者认为，农产品区域品牌定位与一般意义上的品牌定位相似，其核心内容没有发生改变，依然是以顾客的内心需求为出发点，通过准确分析消费需求，寻找到最能触动消费者内心的价值定位，以使消费者能够适时地回忆和联想起相应的农产品的过程，从而可以形成农产品区域品牌的品牌定位。由此可见，农产品品牌定位在农产品品牌构建中具有十分重要的意义，它建立了品牌与消费者内心需求的桥梁。

农产品区域品牌定位是成功创建区域品牌的前提，构建品牌就要构建一个强势的品牌，要构建一个强势的农产品区域品牌，就需要该品牌能够具备直击人心的能力，而且在消费者心中留下极为深刻的印象。定位概念的创始人特劳特认为，对于某一类型的行业或产品，消费者的内心阶梯中最多只能容纳七个品牌，而最终却只能记住其中的两个，他称这个原则叫作“二元法则”。快餐业中的麦当劳和肯德基，碳酸饮料行业的可口可乐和百事可乐，运动服装领域里的耐克和阿迪达斯等便是很好的证明。“二元法则”带给我们的启发就是，在农产品区域品牌构建过程中，一定要做成消费者心中能够接受且是接受的所有品牌中的最优。这就需要科学地分析消费者的内心需求，准确地进行消费者内心需求的细分，找到最合适的切入点，打造消费者内心最为需要、最为认同的品牌。而如果没有这样的品牌定位过程，缺少消费者内心需求的细分，在品牌构建过程中，品牌的发展将会受到很大的阻力，甚至无法长期地发展下去，仅仅成为一个名称、一个不具备品牌效应的品牌名称。

而这种满足消费内心需要、获得消费者认可的过程，可以成为消费者认同，因此，品牌定位的核心价值就是能够更高概率地获得消费者认同，拉近农产品品牌与消费者之间的距离，从而为构建强势品牌打下坚实的基础。

3.2.2　品牌定位影响因素

要进行准确的品牌定位，需要充分了解影响品牌定位的因素有哪些。品牌的定位过程是依据消费者内心的需求点开始的，是获得消费者认同的过程。因此，影响品牌定位的因素与消费者的内心需求与变化因素有着密不可分的关系，因此，可以进一步推论，品牌定位的影响因素与消费者本人的认知水平，与消费者所处的社会文化的价值观，与消费者本人个性、情感、经历等有密不可分的关系。国内学者王海忠在品牌定位的研究中发现，文化因素、社会阶层、参考群体、消费者个性、消费者情感因素会影响到品牌的定位决策。

（1）文化因素。不同的文化背景下，消费者对品牌的认同有差异，荷兰学者霍夫斯塔德曾以 IBM 公司的员工为研究对象，发现了文化的五个重要维度：权力距离、个人主义/集体主义、不确定性规避、男性化/女性化、长期导向。以文化因素中的男性化/女性化为例，所谓的男性化/女性化是指社会的主要文化价值观念标志是以代表男性的品质为主还是以代表女性的品质为主。这种文化因素下的具体体现为，男性化文化为主的社会环境中，社会中人们受该文化因素的影响，普遍性地表现为竞争意识强烈，对财富功名的追求较高；而以女性化文化为主的社会环境中，更多地表现为人们对生活质量的向往。因此，如果要向一个以女性化文化为主的社会群体的消费者进行品牌定位，则应多从生活质量这一角度进行定位，以满足该社会文化下消费者对该品牌的认同，反之则会被消费者拒之千里。

（2）社会阶层因素。不同的社会阶层的消费者对产品的需求及认可度是不同的，低阶层的消费者与高阶层的消费者对于品牌的态度也不同。高阶层的消费者往往更注重品牌的附加属性，如所带来的地位、身份等属性的匹配，而低阶层的消费者对品牌的重视程度较低，更多地注重产品品质，因此，对于不同阶层的消费者，应该进行不同的品牌定位。

（3）参考群体因素。即在进行品牌定位时，听取定位意见的群体，主要包括：行业专家、时尚引领者（明星、企业家、政治家）、虚拟社交网络引领者。不同的参考群体代表由于其身份属性、知识、专业程度、兴趣偏好、职业等因素的差异，对品牌定位的意见也各不相同，因此在进行品牌定位时，应考虑选择合适的参考群体。

（4）消费者个性因素。个性也称为人格，是指个人的与意识倾向相联系的独特的心理特质。人类的个性有很多种，但人们在选择品牌的过程中，会不自觉地选择与自己个性相符的品牌。因此，品牌在定位过程中，有时也要考虑到品牌个性的定位，以能够更好地获得消费者认可。

（5）消费者情感因素。人类是感性与理性的复杂结合体，人的情感因素也分很多，不同的情感因素在不同的情况下使消费者产生认同的程度也不同，但无论什么情感，想要使消费者对品牌认同的程度更深，都必须在情感上具有相同或相似的感受。只有达到情感上的一致，才能获得消费者的品牌认同。

3.2.3　品牌定位方法

品牌定位的方法有很多，且品牌的定位方法与常见的市场定位有很多的相似之处，常见的方法有：①产品属性定位。是指结合产品本身所固有的特性的定位方式，该定位方法应用的前提是这种产品的特性是消费者所期待的，是容易受到消费者认可的，如王老吉凉茶预防上火。对于这样的情形，可以利用产品的特性进行品牌定位。②功能性定位。是指以产品功能为核心的定位，功能性定位较为成功的案例有海飞丝——去屑；飘柔——柔顺；潘婷——养护；沙宣——专业美发效果。③用户定位。以消费者的某些共性进行定位。这些共性属性可以包括性别、年龄、收入水平、受教育程度、兴趣、爱好、职业等。④价格定位。即针对对价格的波动十分敏感的群体的定位。品牌定位的方法有很多，但要结合目标群体、细分市场的选择才能做出适合其市场的定位。

综上所述，农产品区域品牌构建过程离不开品牌定位，特色农产品的品牌定位应结合特色农产品的产品特色、优势，并结合消费者在购买过程中各种影响因素，选择合适的定位方法，从消费者的品牌认同出发，构建合理的品牌定位框架。

3.3 特色农产品区域品牌强化阶段

品牌强化阶段是品牌构建的核心阶段，在该阶段的主要任务是持续关注品牌的发展状况，紧紧围绕农产品区域品牌价值提升，通过有效的营销手段，不断提升农产品区域品牌价值。

3.3.1 消费者感知质量作用机理

品牌强化的第一步应从产品的质量管理开始，产品质量是一个品牌生存的根本，没有良好的产品质量作为支撑，品牌的发展就像无根之树，早晚要面临夭折。关于产品的质量我们并不陌生，但不同的人对这一观念的理解也不尽相同，一项研究以美国东部86位公司经理为对象，调查了他们对“质量”一词的理解发现，这些经理对质量的含义至少有数十种理解，包括：一致性、完美、服务程序、交货速度、消除浪费、一次就把事情做好、提供良好的产品、让顾客惊喜或愉悦等。可见，质量本身是一个多维的、复杂的概念。

那么，对质量有没有一种较为统一的界定？1978 年，美国国家标准研究院（ANSI）和美国质量协会（ASQ）将质量定义为“表明产品或服务满足给定需要的能力的特征和特性的综合”。这一质量观是从消费者角度来界定的，说明质量是一种能够满足消费者需要的能力的综合体。然而，这一概念相对冗长，目前许多公司采用一种更简洁、更易理解的基于顾客驱动的质量观，也即“质量就是满足或超越顾客的期望”。此处的顾客既包括最终产成品购买者（消费者），也包括中间产品购买者（组织）。

而对于品牌强化而言，除了做好基础的产品质量管理之外，更重要的是要基于消费者的感知质量，进行准确的品牌强化，充分满足消费者在品牌上的需求，而在这一点上大多数企业都忽视了消费者的感知。因而，在特色农产品区域品牌构建的强化阶段，首先是要重视消费者的品牌感知质量。

什么是感知质量（Perceived Quality）？不同学者对它的定义有差异。学者Kevin Lane Keller认为："感知质量指的是消费者对产品或服务的总体质量或其优越性的感知，这种感知与其相关选择和想达到的目的有关。"而学者David A. Aaker认为感知质量指的是消费者"根据特定目的与备选方案相比，对产品或服务的全面质量或优越程度的感知状况"。尽管存在文字表述的差异，但我们可以发现Keller和Aaker都将感知质量界定为顾客对产品或服务的优越性的感知。

那么产品的实际质量或客观质量与消费者的感知质量之间的关系是什么？对消费者感知品牌质量的影响是什么？

感知质量是无形的，是消费者心目中对质量的感知。实际质量和感知质量间往往存在差值，表现为如下三种情况：其一，当差值为正时，说明产品或服务的实际质量大于感知质量。这一结果并不是企业所期望的而且会稀释品牌资产。导致这一结果的原因可能是企业在营销、公关、品牌宣传、顾客参与等方面付出的精力与努力很少。因此，公司应该在营销战略中投入更多的物力与财力，帮助消费者了解其品牌，提升对产品品质的感知。其二，当差值为零时，说明品牌的实际质量完全被消费者感知到。现实生活中旗舰店里陈列的品牌往往属于这一行列。其三，当差值为负时，说明消费者对产品或服务的感知质量超过了其实际质量。奢侈品牌往往属于这一行列。

那么是不是当实际质量与感知质量之间的差值为负值，且其绝对值越大则消费者的满意度就会越高呢？其实结果不完全是如此。原因在于，顾客的满意度与顾客的期望价值有关系，当顾客的感知价值与顾客的期望值之间的差值越大且为正值时，顾客则表现越满意，从而才能进一步促进品牌忠诚的实现。那么是不是产品的实际价值越高，消费者的感知价值也就越高？这里要分为两种情况进行鉴别：①如果消费者没有实际体验过产品的质量，属于初次购买或者消费过程，此时对产品实际质量只能凭经验对比，产品的实际质量对消费者的感知质量影响为正向，但影响的程度较低，原因在于信息的不对称以及消费者的知识的局限性使得消费者很难在短时间内对产品的质量进行综合判定，而此时消费者对产品的感知价值更多来源于其经验的对比，其经验在感知质量过程中起到重要的中介作用。②非第一次购买者，由于已经有过相关品牌的实际质量体验，这种体验所带来的经验效果将直接作用于消费者感知质量，以往的经验在此时起到重要的中介作用，对消费者的感知质量进行影响，从而做出相应的判断与评定。而消费者的经验判断直接受产品实际质量的影响，实际质量越好，消费者的经验倾向性越确切，越能增强消费者对产品的感知质量，进而促进品牌忠诚的产生。

有时消费者对有形产品和无形的服务之间的感知质量内容有所差异，对有形产品的感知质量概括比较全面的是哈佛大学学者 Duid Girn 提出的产品质量七要素模型，内容包括：性能、特色或特征、与说明书一致性（没有次品）、可靠性、耐用性、适用性、适宜于完美。在无形服务的感知质量内容的研究方面，目前较为完善的是帕拉舒拉曼（Parsuraman）、赞瑟奶（Zeithaml）和贝利（Bery）研究了消费者对电器修理、零售银行、长途电话、保险经纪以及信用卡等服务业的服务质量的感知情况，最后确定的服务质量的五因素模型，即有形性、可靠性、能力、响应速度、移情能力。

3.3.2 消费者品牌偏好提升

消费者感知质量是品牌构建过程中的王牌，是持续获得竞争优势的重要支撑，通常而言，感知质量的提升路径主要有以下几条：

（1）设计高效质量感知传递系统。产品在到达最终使用者（即消费者）之前要经过设计、生产、销售、配送以及支持性服务等中间环节，这些中间环节便组成了一个感知质量的传递系统。每个环节都对感知质量的传递具有不可替代的作用。

如果设计部门不了解消费者的需求，那么设计出来的产品就不能赢得消费者的青睐，感知质量自然会很低。如果一线生产员工为了完成定额目标而注重数量忽视质量，当某消费者碰巧购买该次品后，不仅会对产品自身质量给予差评，而且还会对整个品牌甚至公司给予差评。同样，如果销售人员将优质产品陈列在装修简陋、光线昏暗、凌乱不堪的环境中，那么即使产品的实际质量再高，顾客也不会觉得这件产品是优质品。如果配送人员在配送产品时并没有穿印有公司标志的服装，运货车辆也没有显示公司的标志，那么消费者就会感到该公司专业能力不足，这种外围线索会进一步影响产品质量评价。如果在支持性服务（如维修）环节中，公司对消费者的问题不能及时响应，这会影响消费者对公司服务能力的判断以及服务感知质量的判断。

综上所述，只有在各个环节中对质量严格把关并且全力合作才能确保产品的感知质量大于或至少等于实际质量。

（2）善用传递高感知质量的信号。传递的过程是通过各种信号作为媒介进行的，我们要善于运用这些传递媒介，这些信号可以是显眼的、可视的，如可口可乐的美汁源果粒橙暗示果粒新鲜，雕牌肥皂泡沫多暗示洗得干净。这些信号也可以是微小的、不显眼的，因为通过研究发现，品牌可视的微小属性往往对品牌评价和喜爱具有放大作用。例如，笑脸快门是相机的一个相对而言不重要、不易觉察的属性，但是添加这一属性后消费者会对相机的评价更高。此外，高感知质量的信号可以是由人发出的。国际市场上，“洋化”的品牌名和源于发达国家的产地信息传递着高质量含义。

（3）注重质量管理经营理念。对质量的负责不仅要体现在执行层面，还需体现在公司的经营理念层面。为了维持和增加绩效而注重质量是一种短视思维，因为在这种外在动力的驱动下生产人员和产品经理只会将注意力放在维持现有的质量水平上。但是，如果公司能将注重质量作为一种企业文化和理念向每位员工灌输，那么员工就会有内在动机去提升产品质量，并将提升质量作为自己的一种行为规范。在任何时候，文化对一个组织、一个团体甚至一个国家的影响要高于外在物质层面的激励，当将追求高质量作为一种企业文化时，企业必将走得更长久。

（4）实施后营销战略。后营销（After Marketing）是指在顾客购买之后出现的营销活动。这种营销战略是营销界的一种新趋势，它出现的背景是传统的营销者们将过多的注意力放在购买前的促销、广告、公关等活动上，对购买后消费者对产品的实际体验关注很少。因此，后营销战略旨在加深消费者对品牌的体验，以促使重复购买。它主要包含如下具体内容：

①制定用户手册。许多产品的操作手册是人们事后才想到的，它们是由工程师们拼凑起来的，用的是专业词汇，这就使消费者在初次使用产品时体验到受挫感。同时，即使消费者通过操作手册掌握了产品基本操作技能，但对于产品的性能与特色（如苹果手机中的新款游戏），消费者可能并不完全理解如何操作，而这些特色与性能恰恰是该产品相对于竞争者的最大优势。因此，制作简单明了、易于掌握和操作的用户手册则显得极为必要。②与消费者建立关系以延长产品生命周期。即使一件产品尚能使用，很多消费者还是喜欢去购买配置更新、功能更全、外观更美观的替代品。如何减少品牌转换、维持品牌忠诚是经理人和分销商共同关心的话题。品牌拟人化方面的研究发现，通过强化消费者与旧品牌间的关联可以增加品牌忠诚。例如，让消费者将一辆使用了数年的旧车联想成自己的一位亲密伙伴，便可以增加消费者与旧车间的情感联结，进而减少购买新车的可能性。③销售互补性产品。很多时候，消费者喜欢购买配套产品以备将来之需。惠普打印机似乎意识到了这一点，这就使得惠普的大部分收入并非源于打印机本身的销售，而是后营销项目——互补性产品的销售，如喷墨盒、激光打印机的硒鼓以及打印机专用的纸张销售等。销售互补性的产品除了提升利润外，另一好处是加深消费者对产品提供者的印象和好评。比如相比没有提供备用电池的手机生产商，你对提供备用电池的手机生产商的评价会更高，尤其是当你预测原版电池在后续使用中会出现故障时。

（5）重建顾客对品牌的认同。很多企业会为了追求短期绩效与利润而削减质量开支，导致产品质量缩水。此时，企业如何重塑消费者对品牌的信任和认同呢？除了实质性地改进产品质量之外，公司也要想办法修复信任，取得质量认同。通过提价来强化产品的高品质感知、直接告知消费者产品的高品质、少做质量方面的口头承诺而多付诸行动采取第三方认证和背书等方式均可以重建消费者对存在质量问题的品牌的认同。

3.3.3 营销助力品牌强化

优异的营销策略对品牌价值的提升有正向的推动作用，品牌强化过程离不开营销活动的推动，品牌营销活动是品牌强化过程中的中坚力量。在品牌强化阶段，主要的品牌营销活动由以下部分组成：

(1) 品牌要素设计。什么是品牌要素？凯文·凯勒（Kevin Keller）教授认为，品牌要索（Brand Element）有时也称为品牌特征（Brand Characteristics），指的是“那些用以识别和区分品牌的商标设计，可见，品牌要素本身是一种商标设计，用来帮助消费者识别和区分目标品牌与竞争品牌”。品牌要素主要包括如下类别：品牌名称、标识、口号、形象代表、包装、广告曲等。

①产品成分标签并不是品牌要素。在日常生活中，很多食品、服饰等品类会标注产品的成分构成或质量等级等信息，但这些信息并不具有差异性，因此不是品牌要素。②品牌形象的代言人不是品牌要素。一个品牌可以借助品牌代言人提高自身的知名度和可信度。但品牌形象代言人（通常为影视娱乐和体育明星等）与某一品牌间的关系是暂时的、不唯一的，品牌代言人并不能帮助消费者区别竞争品牌和目标品牌。同时，鉴于品牌要素的本质是一种商标设计，品牌代言人不满足这属性。③对于单个品牌而言，并不需要囊括所有的品牌要素。通常，品牌名称是必需的，因为品牌名本身就能给品牌带来资产。对于标识、口号、包装、形象代表、域名等，大多数品牌都会有，但少数品牌只会拥有其中的一个或几个。

选择与设计优秀且正确的品牌要素，对增强消费者的品牌感知、增强消费者认同具有正向的影响作用，对消费者的品牌感知质量的增加也具有正向的影响，从而更进一步证明了品牌要素选择与设计的重要性。消费者的品牌感官性结合人类的五感可以分为以下五种感官品牌：品牌视觉感、品牌嗅觉感、品牌听觉感、品牌味觉感、品牌触觉感。品牌感官的重要性在于增强消费者对于产品的实际质量的感觉性，尽可能地通过品牌感官让消费者的实际质量与感知质量之间的差值为零，甚至是负值，即感知质量性超越品牌实际质量的效果，从而促进品牌忠诚。

对于特色农产品而言，由于其农作物的产品属性，大部分的产品都可以直接进行体验与使用，所以更应该注重产品的品牌感觉，通过五种感官品牌，让消费者切身体会产品特色与差异，能够更好地提升品牌的感觉质量，最终提升消费者品牌忠诚。

（2）品牌杠杆撬动品牌价值。品牌杠杆的概念是美国著名品牌管理专家Keller（2003）最先提出的。所谓的品牌杠杆是指“在竞争日益激烈的商业背景下，企业仅通过产品营销方案很难使产品获得更多成就，而是要将企业的品牌与其他的人、地点、事物以及其他品牌相结合、相联系并以此建设和利用品牌知识，进而获得更大成就，这种借势、借力发展品牌的方法就是品牌杠杆”，如图3－2所示。总体而言，品牌杠杆的核心内涵就是借势，如何利用现有的优势条件为自己的品牌价值提升创造利益，而其操作的难点在于支点的选择，即选择从哪个方面进行借势。图3－2结合品牌杠杆的概念给出了实践当中可以借势的四大方面，以及每个大方面所能涉及的具体小点，每个方面都是企业在使用品牌杠杆时的一个选择，都可以促进企业的品牌价值提升，甚至在条件允许的情况下，可以进行多点同支，达到更好的品牌价值提升的效果。

同样对于特色农产品区域品牌在构建过程中的强化，应借鉴品牌杠杆对品牌价值的优势作用，充分合理地利用外部资源并从品牌杠杆外部实体中寻找合适的支点，撬动农产品区域品牌价值的提升，促进特色农产品区域品牌竞争力的不断提升。

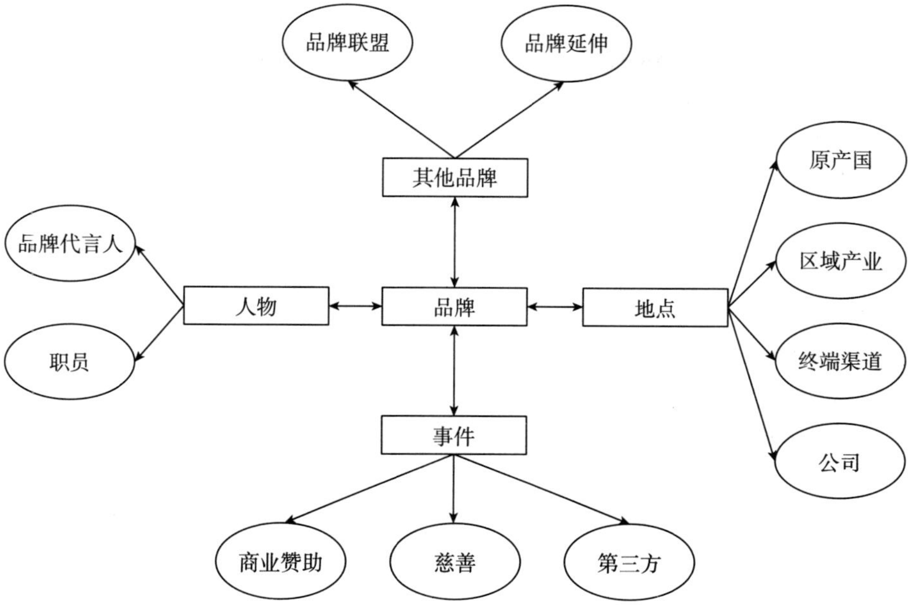

图 3－2　品牌杠杆外部实体

3.4　特色农产品区域品牌维护阶段

品牌构建容易，而维持品牌的持续增长发展却是一个难题，综观世界一流的知名品牌的发展之路不难发现，这些知名企业的持续发展的秘诀，除了高新技术创新和新产品开发之外，毫不松懈的品牌维护活动对其长期的可持续提供了重要的保障性作用。俗话说“打江山容易，守江山难”，品牌的构建过程亦是如此，创建一个品牌、注册一个品牌容易，但是如何在激烈的市场竞争中维护好自己的品牌地位和品牌资产的持续增长是一个需要研究的重点问题。

特色农产品区域品牌与一般的产品品牌、企业品牌相比，其品牌具有公共物品的属性，再加上品牌本身所具备的无形资源属性，从而形成了农产品区域品牌的公共资源属性。这种公共资源在日常的运营过程中，由于其具有公共性，因而带来了产权界定不明确、运营主体不明确等问题，从而导致了农产品区域品牌“搭便车”现象频发，造成“公地悲剧”的产生。而在农产品区域品牌的形成与管理过程中，除了“搭便车”与“公地悲剧”的现象发生之外，区域品牌的运营过程中还会出现品牌资产管理不当，品牌设计不合理等管理问题。总之，在农产品区域品牌的运营管理过程中，面临的问题还有很多，农产品区域品牌的利益相关者要树立区域品牌维护意识，维护品牌资产，保证区域品牌的权益不被侵犯。

对区域品牌维护狭义的有对品牌要素的维护，即对品牌名称、标识、包装、广告语、URL、品牌形象代表等的保护。维护的目的是使标识品牌的品牌要素免受竞争对手的模仿、偷用、不当使用和滥用，保护品牌形象不受损，品牌资产不被稀释。

因此，对于该问题的解决路径需结合已有的理论研究从两个角度进行思考。一是要从与农产品区域品牌有直接关系的利益相关者的角度出发，思考各品牌的相关者该如何做，职责分别是什么；二是还应从整个管理的系统上来看，从提升品牌价值的角度来进行，维护品牌价值不流失，从 Inter Brand 品牌价值模型的计算公式“品牌价值 = 品牌收益 × 品牌乘数”中可以看出，区域品牌价值受品牌收益的影响，而品牌收益与消费者的品牌忠诚、营销方式的选择也都有密切的联系。因此品牌维护当中还应包含维护品牌价值不下降的防御体制，这种防御体制的建立可以从品牌忠诚的角度出发，从影响消费者品牌忠诚的因素入手，制定品牌的发展策略，维护品牌价值的不流失。品牌的杠杆原理也给我们提供了一条维护品牌价值的路径，即从品牌发展的角度来思考，在品牌的发展过程中，还要防止品牌的延伸不当、品牌组合不当、品牌杠杆与联盟选择不当和品牌战略失误等。因此从利益相关者的角度来看，政府、行业协会、企业、顾客都应在品牌维护过程中发挥重要的作用。

3.4.1　政府主导

政府在特色农产品区域品牌构建过程的主导作用在前文中已有论述，其在特色农产品区域品牌构建过程中先天的优势毋庸置疑。在特色农产品区域品牌的建设过程中，无论是整合农业相关资源，还是组织各部门的经济管理活动，还是动态预测产业经济信息变化，政府的优势都不是其他企业或协会所能比拟的。而且，如果在一些经济不发达的地区，由于没有成熟的协会或企业，这种情况下也只有政府才能够整合该区域的资源，创建农产品区域品牌。

因此，对于农产品区域品牌的保护，政府在这一环节同样发挥着更为重要的作用，政府部门也更应该充分利用自己独特的优势，在农产品区域品牌维护上发挥巨大的作用。

政府在品牌保护上应主要从政策制度的制定方面进行，通过制定相关的规则、制度，严格规范市场上品牌的使用，对损害区域品牌价值利益的不法行为要严厉打击。对“搭便车”行为要严格规范，并且要时刻关注市场发展动态，维护良性的竞争态势，避免恶性竞争，促进良性竞争，不断促进产业的发展。

在这一过程中，还应该建立相应的管理部门，以方便相关职能的落实，成立专门的农产品区域品牌管理部，对农产品区域品牌的发展、管理、维护进行专注性的管理，保证农产品区域品牌的不断发展。

3.4.2　行业协会规范

首先，除了以政府为主导的特色农产品区域品牌维护外，行业协会在区域品牌的维护上扮演着执行官的角色，政府虽然能够在资源整合等方面具有一定的优势，但在品牌构建执行过程中，在管理的执行上，政府远不如行业协会对市场即行业的准确把握。行业协会也能从整个行业的视角去审视区域品牌的发展变化，并对区域品牌未来的发展路径进行规划，因此在区域品牌维护及管理上有时候其发挥的作用远比政府更为重要。

其次，行业协会的出现也是在区域品牌构建系统中重要的上传下达的环节，通过成立协会，能够形成相关企业、农户、经销商、供应商等多市场角色的集合，搭建一个能够最广泛地汇集信息的重要平台。协会既能够为协会中企业提供服务，又可以协调资源及进行资源的调配，还能够对实际的生产进行一定的建议与指导。在品牌的塑造、品牌价值的提升以及品牌的维护上，相对于政府而言，协会也更便于操作，更适合在具体的品牌构建过程中进行一线的管理。因此行业协会在品牌维护过程中的重要支撑作用得以体现。行业协会在品牌维护上的重要支撑作用是由其现实中的重要职能作为依托的，具体如下：

（1）协会准入。行业协会能够对区域品牌的使用进行管控的主要原因就在于行业协会的准入机制的确立。行业协会通过制定相应的协会准入标准，以审核行业协会成员的质量，并对入会进行制度的确定，约束和规范协会内部成员的行为，以保证协会成员对区域品牌的使用是适宜且规范的，以保证区域品牌在使用过程中的品牌价值的稳定。而且，行业协会可以通过协会会员身份构建区域品牌使用的身份的追溯机制，进一步保护协会会员的合法权益。

（2）市场监管。作为区域品牌在实际管理过程中的重要主体，行业协会的市场监管职责是行业协会的根本，也可以说协会成立的根本目的就是通过协会的创立，建立监督机构，有效维护协会会员的权益以及保护区域品牌的权益不受侵犯。规范市场行为，以及当有违法使用区域品牌的现象发生时，协会能够有相应的法人代表，进行权益维护，参与到打假的行列之中，这也是行业协会在品牌维护阶段中最重要的体现。

（3）规范化管理。在现实的区域品牌运营过程中，不难发现区域品牌运营过程中常常会出现市场上区域品牌名称不统一、区域品牌标识不清有差异、区域品牌包装物混乱等现象，对区域品牌的声誉和信誉产生了很大的影响。因而，区域品牌的规范化管理就极为重要，行业协会，作为区域品牌运营过程中的执行主体，有能力且有必要对农产品区域品牌的品牌标识进行规范化管理，维护协会成员和消费者的权益。

3.4.3 企业支持

除行业协会外，在实际的区域品牌运营过程中，企业是特色农产品区域品牌主要的载体，在特色农产品区域品牌构建的框架中，如果按照企业的管理层级进行划分，政府属于战略层级，行业协会属于职能层级，而企业则是特色农产品区域品牌构建过程中的作业层级。在作业层级，企业应基于消费者的需求即感知价值进行准确无误的品牌管理，因此，构建品牌管理体系应是各企业在农产品区域品牌构建过程中的首要任务。

与企业中的作业层的员工不同的是，在区域品牌构建体系框架中的企业层却是最终利益的受益者，也就是说最终的最大收益其实在企业。因而对于企业而言，区域品牌的品牌价值的提升和品牌资产的不流逝则更为重要。而企业又处于区域品牌运用的最前端，对区域品牌资产和区域品牌价值的变化能够在最短的时间内获得准确的信息，故而也能够根据其变化做出最恰当的反应。维护区域品牌的价值增长和品牌资产的不断积累不受侵害，是企业在区域品牌维护过程中的最重要的作用与意义。因此构建品牌资产管理系统是企业在品牌维护过程中十分重要的任务。

所谓品牌资产是指品牌所赋予产品或服务的附加价值的总和，其量化的表达方式可以用品牌价值来进行计算。品牌的资产或品牌价值是反映消费者对有关品牌感知价值的综合，其能带来产品价格、市场份额以及产品盈利能力的提升。企业作为对消费者的区域品牌感知价值反应最为灵敏的前端，能够结合区域品牌资产的变化迅速做出反应，便于企业根据企业目标制定相应的品牌战略决策。因此，构建品牌资产管理系统是企业在区域品牌维护过程中要进行的首要环节。

构建品牌资产管理系统离不开相应的资产管理活动，在品牌资产管理系统中，最主要的职能是品牌审计（Brand Aodit）工作。

所谓的品牌审计是指对品牌资产的所有来源进行的全面综合性审查，专注于了解消费的外部活动，如对品牌和产品的熟悉程度、喜好程度等。品牌审计的主要作用在于通过品牌的审计，审查和评估品牌当前的运营状况，及时地发现问题，以便于企业根据区域品牌的发展现状，及时地做出相应的对策调整。

因此，为了能够更好地了解消费者的外部活动，企业需要针对性地对企业的产品、服务、营销策略、品牌价值等进行全方位的调查，这个过程也称为品牌盘查（Brand Inventory）。品牌盘查能够对企业当前的产品和服务进行全方位的调查，对产品和服务的具体情况进行详细的描述，并形成视觉及书面形式的要素目录，更好地帮助企业分析品牌资产现状，高效做出相应的决策。

品牌盘查的内容包括：所有产品和服务如何运用品牌元素进行品牌化，怎样经营，以及相应的营销计划如何支持品牌活动等。尽管品牌盘查主要是一个描述性活动，但它也能提供一些有益的分析，甚至可以就如何更好地管理品牌资产进行初步探究。例如，营销者可以对不同产品或服务共用一个品牌名称的情况进行一致性评估：不同的品牌元素采用一致的基准吗？对于同一个产品，其品牌名称、标识等具有不同的版本吗？如果有不同版本，那么这些品牌元素的组合是对应产品销售的市场区域的吗？其目标市场又是谁？类似地，这些营销活动和相关的品牌相一致吗？

当企业产品跨越市场边界并且延伸到其他品类时，品牌和营销的外显形式通常在本质上是有所偏离的。一个完整的品牌盘查应该能够展示品牌的一致性程度。同时，在不同产品共用同一个品牌名称时，品牌盘查能暴露出这些产品之间可能缺乏感知差异。例如，由于产品线延伸，应在一个或几个关键维度的设计上让各个产品有所不同。以明晰的定位创建一个次级品牌常常是营销的优先选择，而且品牌盘查有助于揭示出不受欢迎的冗余和重叠品牌，这些品牌可能会使潜在消费者产生困惑，也可能受到零售商的抵制。

从消费者对品牌所表现的具体行为深入挖掘消费者对品牌的真实感受和真

实意愿，需要对当前的消费者调查数据进行综合性的分析，这一过程称为品牌探索（Brand Exploratory）。

品牌探索的主要目的是通过消费者对品牌及产品现状的描述，如对品牌的想法和产品体验感受等，更好地分析未来品牌构建过程中可能存在的障碍因素。企业可以结合分析结果提前做好相应的计划。表 3－1 为在品牌探索中使用的定性研究方法。

表 3－1　品牌探索定性研究方法

自由联想	日常行为重构
形容词评定量表和检核表	照片记录/日记
告白访谈	共同参与设计
投射法	消费者主导解决问题
照片分类	现实生活实验
原型研究	拼图、绘画
泡沫图	消费者隐身法
讲故事	消费者—产品互动
拟人化练习	录像观察
角色扮演	隐喻诱因

总而言之，企业在特色农产品区域品牌的维护阶段中发挥着至关重要的作用，对品牌资产的维护和品牌价值的提升提出了最直接的对策建议，且这些建议的提出是科学地根据消费者对品牌的价值感受而来的，在品牌价值提升上、在产品竞争力提升上发挥了巨大的作用。

因此，从整体来看，政府在区域品牌构建的维护阶段的主要作用在于指导和引领，政府站在战略的制高点，引领区域品牌的发展方向，发挥着重要的主体作用。但由于政府行为具有局限性，无法全面地从市场的角度、行业的角度考虑区域品牌的发展，因而行业协会的出现弥补了这一方面的不足，且通过授权，行业协会对区域品牌进行全面的管理，也更加有利于品牌的发展，而政府在这一过程中，通过制定法规和政策辅助行业协会对区域品牌进行管理。此外，对于企业而言，其作为直接的获益者和重要的作业执行者，在品牌资产的管控方面也发挥着至关重要的作用。因此，只有全面联合区域品牌构建过程中的所有利益相关者主体，充分发挥各自的优势，构建高效的区域品牌维护体系，才能在区域品牌的维护和发展中发挥最大的潜力，才能保障区域品牌的可持续发展。

3.5 本章小结

本章从农产品区域品牌构建的相关研究的分类整理过程中，通过归纳总结的方式，按照农产品区域品牌构建的环节性要素进行了分析，并初步得出了特色农产品区域品牌构建的基本框架：品牌启动阶段、品牌定位阶段、品牌强化阶段、品牌维护阶段。后又根据品牌构建的四个阶段，结合特色农产品区域品牌的相关性质，分别对特色农产品在区域品牌构建过程中的四个阶段进行了剖析，并对其运行的机制进行逻辑描述，为特色农产品区域品牌构建框架的运用打下坚实的理论基础。后续将结合本章所归纳总结的特色农产品区域品牌构建框架，从品牌启动阶段、品牌定位阶段、品牌强化阶段、品牌维护阶段四个方面进行相应的实证分析，并进一步得出在特色农产品区域品牌构建的过程中，品牌启动阶段、品牌定位阶段、品牌强化阶段、品牌维护阶段四个阶段的具体执行过程。特色农产品区域品牌构建三维模型如图3－3所示。

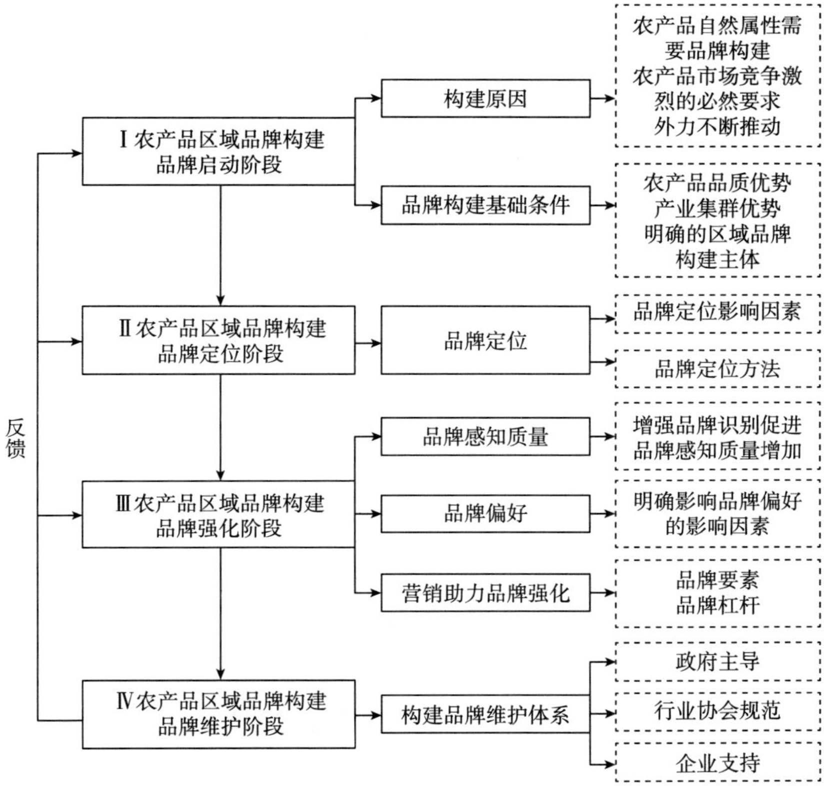

图 3－3　特色农产品区域品牌构建三维模型

第4章　新疆特色农产品区域品牌发展现状

为了更好地研究和分析新疆特色农产品区域品牌构建的不同，本章对特色农产品的区域品牌发展现状进行了细致的调查和分析，从中国特色农产品区域品牌的整体发展状况到新疆特色农产品区域品牌的现状，到果品区域品牌的发展情况，最后落脚于“阿克苏苹果”这一具体的特色农产品区域品牌，从整体到个案，从全面到个性，全面掌握当前农产品区域品牌的发展特点及发展趋势，并与新疆特色农产品区域品牌的发展状况做出对比，通过对比发现新疆特色农产品区域品牌当前存在的问题，掌握当前农产品区域品牌的发展态势，也有助于对新疆特色农产品区域品牌构建过程提供必要的借鉴。但特色农产品品类丰富，包含3个大类和22个具体的细致类别，本书选取其中较为常见且新疆发展情况也较好的果品进行分析，并具体选择“阿克苏苹果”这一特色农产品区域品牌作为后续研究的案例。

4.1　中国特色农产品区域品牌整体发展现状

由于学术界对区域品牌的概念的界定尚未统一，且登记在册的产品品牌中并没有详细地列举区域品牌的条目，而地理标志品牌与农产品区域品牌有着紧密的关联性，故选择与区域品牌关联性较强的地理标志品牌作为区域品牌发展的相对代表。

4.1.1　全国特色农产品地理标志产品品牌数量总体现状

截至2019年底，中国已注册和由农业农村部审定等级的地理标志农产品品牌总数为2778个。表4－1为各年份申报登记的统计情况，可以看出，自2010年以后，全国各省市每年申报统计的地理标志产品品牌个数维持着较高的登记数量，平均每年新增地理标志产品品牌数量高达231.5个。如以2010年为时间节点，自2010年开始，特色农产品地理标志产品品牌数量的申报出现较高的增长期，2010年之前平均每年新增地理标志产品品牌257.6个，可以看出，近年来各省市对区域地理标志产品品牌的关注度显著提高。

表4－1　2008～2019年全国地理标志产品数量情况

年份	当年申报数（个）	当年总数（个）	全国增速（%）
2008	121	121	—
2009	81	202	66.94
2010	333	535	164.85
2011	300	835	56.07
2012	212	1047	25.39
2013	328	1375	31.33
2014	213	1588	15.49
2015	204	1792	12.85
2016	212	2004	11.83
2017	238	2242	11.88
2018	281	2523	12.53
2019	255	2778	10.11

资料来源：由农业农村部地标查询网数据整理而得。

由图4－1可以看出，除个别年份外，如2009年申报数量过少，2010年、2011年、2013年申报数量均超300个，从每年整体的地理标志产品的申报情况来看，申报的地理标志产品数量总体呈现增长态势，预计未来几年的申报数量可能会趋于平稳，甚至可能出现申报数量下滑的现象，原因可能是随着地理标志产品的不断申报，符合并满足相应评审条件的没有被申报的地理标志产品数量越来越少。

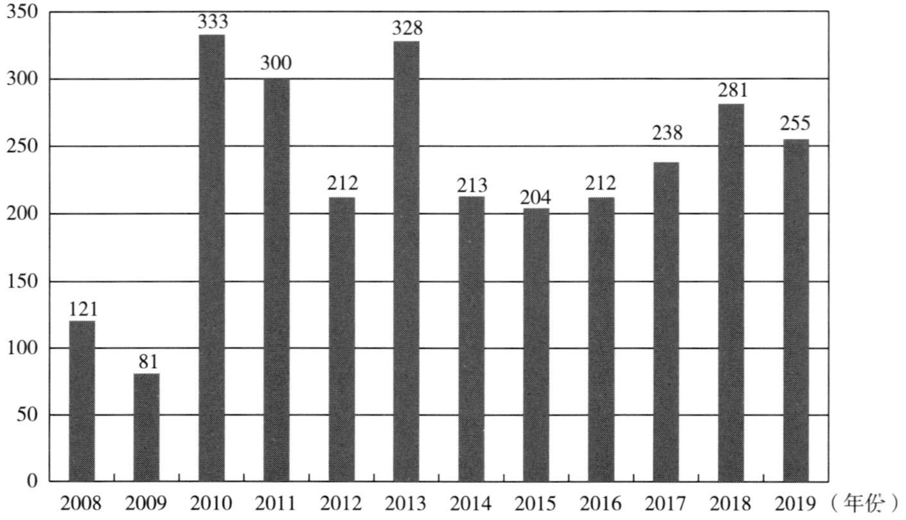

图4－1　2008～2019年全国地理标志数量申报数统计

4.1.2　全国各地区地理标志品牌数量整体分布现状

由表4－2可以看出，截至2019年底，全国32个省（市、自治区）中，有31个省（市、自治区）进行了农产品地理标志产品品牌的注册与申报，其中山东省以330个地理标志产品品牌数量位居全国各省市之首，占全国地理标志产品品牌总数的11.88%，比第二位的四川省（176个）还要多154个，可见山东地区对地理标志产品品牌的重视程度。山西省地理标志产品品牌总数为155个，占全国地理标志产品品牌总数的比重为5.58%，位居第三。湖北省地理标志产品品牌总数为154个，占全国总数的比重为5.54%，位居第四。黑龙江省地理标志产品品牌总数为140个，占全国总数的比重为5.04%，位居第五。广西壮族自治区地理标志产品品牌总数为 126 个，占全国总数的比重为 4.54%，位居第六。新疆维吾尔自治区地理标志产品品牌总数为 121 个，占全国总数的比重为 4.36%，位居第七。从整体来看，新疆地区从地理标志产品品牌拥有数量上来说居于全国各省市的前列。四个直辖市中，重庆市以 53 个地理标志产品品牌拥有量位居四个直辖市之首，位居全国第 23 位，剩下的三个直辖市的排名依次是上海市 14 个，北京市 13 个，天津市 8 个。

表 4－2　2019 年全国 31 个省（市、自治区）地理标志产品品牌数量排名

排名	省份	地理标志产品数（个）	占全国比重（%）	排名	省份	地理标志产品数（个）	占全国比重（%）
1	山东	330	11.88	17	福建	81	2.92
2	四川	176	6.34	18	湖南	80	2.88
3	山西	155	5.58	19	江苏	72	2.59
4	湖北	154	5.54	20	安徽	69	2.48
5	黑龙江	140	5.04	21	青海	63	2.27
6	广西	126	4.54	22	宁夏	60	2.16
7	新疆	121	4.36	23	重庆	53	1.91
8	河南	119	4.28	24	河北	42	1.51
9	内蒙古	117	4.21	25	广东	39	1.40
10	甘肃	109	3.92	26	海南	30	1.08
11	陕西	103	3.71	27	吉林	23	0.83
12	贵州	100	3.60	28	西藏	20	0.72
13	辽宁	95	3.42	29	上海	14	0.50
14	江西	94	3.38	30	北京	13	0.47
15	浙江	89	3.20	31	天津	8	0.29
16	云南	83	2.99				

资料来源：由农业农村部地标查询网数据整理而得。

4.1.3 特色农产品产品品类分布现状

笔者根据《地域特色农产品普查分类目录（试行）》中所限定的地域特色

农产品的分类目录，将截止到2019年底中国在册的2778个地理标志的农产品进行了分类，根据《地域特色农产品普查分类目录（试行）》中的普查分类目录，将当前的地域特色农产品共分为了三个大类，共包含22个小类，三个大类分别是种植业产品、畜牧业产品和渔业产品，其中种植业产品大类下还具体细分为蔬菜、果品、粮食、食用菌、油料、糖料、茶叶、香料、药材、花卉、烟草、棉麻蚕桑、热带作物、其他植物14个小类；畜牧类产品还包括肉类产品、蛋类产品、奶制品、蜂类产品、其他畜牧产品5个小类；渔业产品包含水产动物、水产植物及水产初级加工品三个小类。具体分类情况见附录B。

结合地域农产品区域品牌分类情况，本书对截至2019年的中国地理标志产品品牌进行了品类数量上的分析，从获得的数据可以看出，截至2019年底，三大类型的特色农产品地理标志品牌以种植业产品的品牌数量最多，达到了2110个，占总体数量的76.0%；其次是畜牧业产品，为456个，占总体数量的16.4%；最后是渔业产品，总数为212个，占总体数量的7.6%，如图4－2所示。

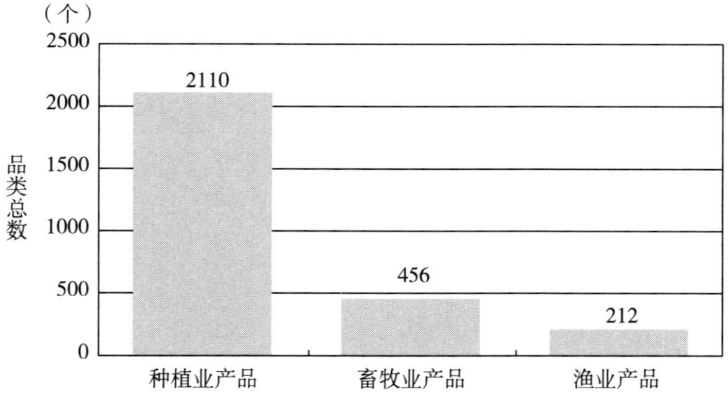

图4－2　特色农产品大类总体分布情况

从表4－3和图4－3可以发现，在所有的特色农产品分类细类当中，品类数量最多的是果品类，总数为763个，占总体数量的27.5%；其次是粮食类，有425个，占总体数量的15.3%；第三位的是蔬菜类，有402个，占总体数量的14.5%；第四位的是肉类产品，有376个，占总体数量的13.5%；第五位的是水产动物类，共计206个，占总体数量的7.4%，第六位的是药材类，有183个，占总体数量的6.6%；第七位是茶叶类，有161个，占总体数量的5.8%。七类产品合计品牌数量占当前品牌总数的90.6%。总体来看，当今特色农产品品牌分布并不均匀，发展情况也不够均衡，其中果品类区域品牌发展情况较好。

表4-3　特色农产品细类分布

特色农产品大类	特色农产品细类	品牌数量（个）	百分比（%）
种植业产品	果品	763	36.2
	粮食	425	20.1
	蔬菜	402	19.1
	药材	183	8.7
	茶叶	161	7.6
	食用菌	75	3.6
	花卉	31	1.5
	香料	16	0.8
	烟草	14	0.7
	油料	13	0.6
	棉麻蚕桑	13	0.6
	糖料	8	0.4
	热带作物	3	0.1
	其他植物	3	0.1
畜牧业产品	肉类产品	376	82.5
	蜂类产品	45	9.9
	蛋类产品	17	3.7
	其他畜牧产品	16	3.5
	奶制品	2	0.4
渔业产品	水产动物	206	97.2
	水生植物	6	2.8

资料来源：由农业农村部地标查询网数据整理而得。

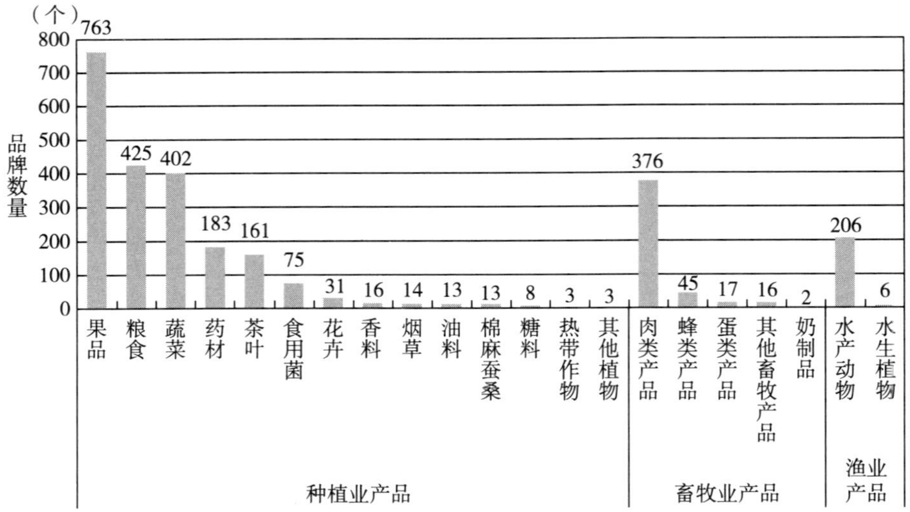

图 4－3　特色农产品大类分布情况

4.1.4　各省市特色农产品品类整体分布现状

如表 4－4 所示，展示了当前全国 31 个省市特色农产品三个大类的分布情况及各分类在各省市品牌总数占比、各类别在全国该类总数下的占比及各类在全国总体品牌数中的占比情况。从各省市的特色农产品品类在各自省内的分布情况来看，各省市内部的特色农产品品牌发展情况基本一致，同样是以种植业产品为主导，畜牧业产品与渔业产品发展相对缓慢。

从整体的纵向对比来看，在种植业产品品牌中，山东省共计特色农产品品牌数量 240 个，排名第一，占全国种植业产品品牌总数的 11.37%；第二位是四川省，共计种植业产品品牌数量 136 个，占全国种植业产品品牌总数的 6.45%；第三位是山西省，共计种植业产品品牌数量 135 个，占全国种植业产品品牌总数的 6.40%。在畜牧业产品品牌分类方面，第一名是四川省，共计畜牧业产品品牌数量 39 个，占全国畜牧业产品品牌总数的 8.55%；第二名是山东省，共计畜牧业产品品牌数量 37 个，占全国畜牧业产品品牌总数的 8.11%；

表4-4 各省市特色农产品种类分布情况

省份	特色农产品大类												该省总数	
	种植业产品				畜牧业产品				渔业产品					
	计数	占该省的比重（%）	占该产品大类的比重（%）	占总数的比重（%）	计数	占该省的比重（%）	占该产品大类的比重（%）	占总数的比重（%）	计数	占该省的比重（%）	占该产品大类的比重（%）	占总数的比重（%）	计数	占该省的比重（%）
安徽	54	78.26	2.56	1.94	5	7.25	1.10	0.18	10	14.49	4.72	0.36	69	2.48
北京	12	92.31	0.57	0.43	1	7.69	0.22	0.04	0	0.00	0.00	0.00	13	0.47
福建	69	85.19	3.27	2.48	9	11.11	1.97	0.32	3	3.70	1.42	0.11	81	2.92
甘肃	79	72.48	3.74	2.84	30	27.52	6.58	1.08	0	0.00	0.00	0.00	109	3.92
广东	29	74.36	1.37	1.04	6	15.38	1.32	0.22	4	10.26	1.89	0.14	39	1.40
广西	77	61.11	3.65	2.77	34	26.98	7.46	1.22	15	11.90	7.08	0.54	126	4.54
贵州	73	73.00	3.46	2.63	26	26.00	5.70	0.94	1	1.00	0.47	0.04	100	3.60
海南	21	70.00	1.00	0.76	8	26.67	1.75	0.29	1	3.33	0.47	0.04	30	1.08
河北	37	88.10	1.75	1.33	0	0.00	0.00	0.00	5	11.90	2.36	0.18	42	1.51
河南	111	93.28	5.26	4.00	2	1.68	0.44	0.07	6	5.04	2.83	0.22	119	4.28
黑龙江	105	75.00	4.98	3.78	11	7.86	2.41	0.40	24	17.14	11.32	0.86	140	5.04
湖北	124	80.52	5.88	4.46	19	12.34	4.17	0.68	11	7.14	5.19	0.40	154	5.54
湖南	59	73.75	2.80	2.12	14	17.50	3.07	0.50	7	8.75	3.30	0.25	80	2.88
吉林	22	95.65	1.04	0.79	1	4.35	0.22	0.04	0	0.00	0.00	0.00	23	0.83
江苏	53	73.61	2.51	1.91	10	13.89	2.19	0.36	9	12.50	4.25	0.32	72	2.59
江西	67	71.28	3.18	2.41	18	19.15	3.95	0.65	9	9.57	4.25	0.32	94	3.38
辽宁	56	58.95	2.65	2.02	11	11.58	2.41	0.40	28	29.47	13.21	1.01	95	3.42

续表

省份	特色农产品大类												该省总数	
	种植业产品				畜牧业产品				渔业产品					
	计数	占该省的比重（%）	占该产品大类的比重（%）	占总数的比重（%）	计数	占该省的比重（%）	占该产品大类的比重（%）	占总数的比重（%）	计数	占该省的比重（%）	占该产品大类的比重（%）	占总数的比重（%）	计数	占该省的比重（%）
内蒙古	72	61.54	3.41	2.59	31	26.50	6.80	1.12	14	11.97	6.60	0.50	117	4.21
宁夏	44	73.33	2.09	1.58	14	23.33	3.07	0.50	2	3.33	0.94	0.07	60	2.16
青海	32	50.79	1.52	1.15	31	49.21	6.80	1.12	0	0.00	0.00	0.00	63	2.27
山东	240	72.73	11.37	8.64	37	11.21	8.11	1.33	53	16.06	25.00	1.91	330	11.88
山西	135	87.10	6.40	4.86	19	12.26	4.17	0.68	1	0.65	0.47	0.04	155	5.58
陕西	96	93.20	4.55	3.46	7	6.80	1.54	0.25	0	0.00	0.00	0.00	103	3.71
上海	10	71.43	0.47	0.36	4	28.57	0.88	0.14	0	0.00	0.00	0.00	14	0.50
四川	136	77.27	6.45	4.90	39	22.16	8.55	1.40	1	0.57	0.47	0.04	176	6.34
天津	8	100.00	0.38	0.29	0	0.00	0.00	0.00	0	0.00	0.00	0.00	8	0.29
西藏	10	50.00	0.47	0.36	9	45.00	1.97	0.32	1	5.00	0.47	0.04	20	0.72
新疆	98	80.99	4.64	3.53	21	17.36	4.61	0.76	2	1.65	0.94	0.07	121	4.36
云南	56	67.47	2.65	2.02	26	31.33	5.70	0.94	1	1.20	0.47	0.04	83	2.99
浙江	80	89.89	3.79	2.88	6	6.74	1.32	0.22	3	3.37	1.42	0.11	89	3.20
重庆	45	84.91	2.13	1.62	7	13.21	1.54	0.25	1	1.89	0.47	0.04	53	1.91
总计	2110	75.95	100.00	75.95	456	16.41	100.00	16.41	212	7.63	100.00	7.63	2778	100.00

资料来源：由农业农村部地标查询网数据整理而得。

第三名是广西壮族自治区，共计畜牧业产品品牌数量 34 个，占全国畜牧业产品品牌总数的 7.46%。在渔业产品品类方面，排名第一的仍然是山东省，共计渔业产品品牌数量 53 个，占全国渔业产品品牌总数的 25.0%；第二名是辽宁省，共计渔业产品品牌数量 28 个，占全国渔业产品品牌总数的 13.21%；第三名是黑龙江省，共计渔业产品品牌数量 24 个，占全国渔业产品品牌总数的 11.32%。因此，无论是特色农产品品牌的总数上，还是各个大类的领域中特色农产品品牌数量上，山东省都稳居前两名，可见山东省的特色农产品区域品牌发展的整体情况排在全国各省市的前列。

4.1.5　特色农产品各品类发展现状

（1）种植业产品。特色农产品种植业产品品类共包含细致品类 14 个，分别是：蔬菜、果品、粮食、食用菌、油料、糖料、茶叶、香料、药材、花卉、烟草、棉麻蚕桑、热带作物、其他植物。从整体分布情况来看，果品、粮食、蔬菜、药材、茶叶是特色农产品种植业中的主要构成部分。结合各省市的具体数据来看，在果品品类的品牌发展方面，山东省、四川省、山西省发展的品牌数量位居前三，其中山东省的果品品牌数量高达 102 个，将近是第二位四川省品牌数的两倍；在粮食类品牌发展方面，黑龙江省、山西省、山东省品牌数位居粮食类的前三位，分别是 49 个、44 个、41 个，前三位在粮食类品牌拥有数量上，差距并不是很大；在蔬菜品类的品牌发展方面，山东省、河南省、四川省的品牌数量居于前三位，其中居于第一位的山东省，拥有该品类品牌数 61 个，是第三名四川省拥有的品牌数量的两倍多。这三类种植业产品品类各省份均有涉及，而其他类的产品种类则并不是各省市均有涉猎，从而也进一步体现出特色农产品的地域特性。具体如表 4－5、图 4－4 所示。

（2）畜牧业产品。特色农产品畜牧业产品品类共包含细致品类五个，分别是：肉类产品、蛋类产品、奶制品、蜂类产品、其他畜牧产品。从整体数量情况来看，此五类产品的品类数量从高到低的排序依次为肉类产品、蜂类产品、

表 4－5　各省份种植业产品品种类分布情况

省份	蔬菜	果品	粮食	食用菌	油料	糖料	茶叶	香料	药材	花卉	烟草	棉麻蚕桑	热带作物	其他植物	总计
安徽	7	12	11	1	—	—	17	—	6	—	—	—	—	—	54
北京	1	9	1	—	—	—	—	—	—	1	—	—	—	—	12
福建	10	17	13	4	—	—	12	—	7	4	2	—	—	—	69
甘肃	19	28	8	—	—	—	1	3	17	3	—	—	—	—	79
广东	9	9	3	—	—	—	4	—	3	1	—	—	—	—	29
广西	9	38	13	—	—	—	10	—	7	—	—	—	—	—	77
贵州	16	25	13	—	1	1	11	1	4	—	1	—	—	—	73
海南	1	14	—	—	1	—	2	—	1	—	1	—	1	—	21
河北	10	10	9	5	—	—	—	—	3	—	—	—	—	—	37
河南	32	30	24	4	1	—	2	—	14	2	2	—	—	—	111
黑龙江	10	27	49	15	—	—	—	—	—	—	2	1	—	1	105
湖北	23	33	27	5	—	—	19	—	13	3	1	—	—	—	124
湖南	17	19	10	—	1	1	8	—	3	—	—	—	—	—	59
吉林	2	4	5	5	—	—	—	—	6	—	—	—	—	—	22
江苏	16	12	18	—	—	—	5	—	2	—	—	—	—	—	53
江西	11	13	15	3	4	—	12	—	8	—	—	1	—	—	67
辽宁	4	29	13	3	—	—	—	—	4	3	—	—	—	—	56
内蒙古	11	19	26	4	—	2	—	—	9	—	1	—	—	—	72
宁夏	8	16	10	—	1	1	—	1	5	—	—	2	—	—	44
青海	8	3	8	2	1	—	—	—	7	—	—	3	—	—	32
山东	61	102	41	3	—	—	12	2	14	4	1	—	—	—	240
山西	22	55	44	2	2	—	—	2	6	1	—	1	—	—	135
陕西	16	41	17	8	—	1	5	1	7	—	—	—	—	—	96
上海	3	6	—	—	—	—	—	—	—	1	—	—	—	—	10
四川	28	63	16	5	—	—	12	—	10	—	1	1	—	—	136
天津	3	5	—	—	—	—	—	—	—	—	—	—	—	—	8
西藏	2	3	2	1	—	—	1	—	1	—	—	—	—	—	10
新疆	10	53	13	2	—	—	1	2	9	3	—	3	—	2	98
云南	6	24	9	—	1	—	5	3	4	—	2	—	2	—	56
浙江	10	32	3	2	—	2	19	—	9	3	—	—	—	—	80

续表

省份	蔬菜	果品	粮食	食用菌	油料	糖料	茶叶	香料	药材	花卉	烟草	棉麻蚕桑	热带作物	其他植物	总计
重庆	17	12	4	1	—	—	3	1	4	2	—	1	—	—	45
总计	402	763	425	75	13	8	161	16	183	31	14	13	3	3	2110

资料来源：由农业农村部地标查询网数据整理而得。

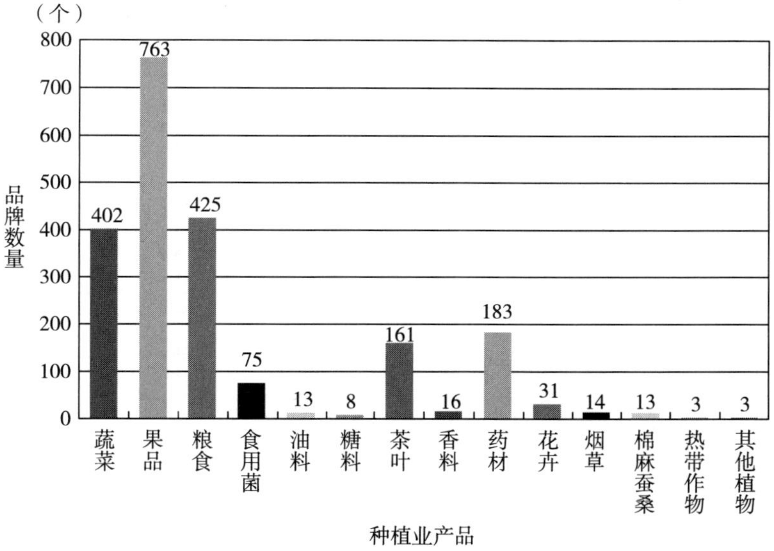

图 4－4　种植业产品细类分布情况

蛋类产品、其他畜牧产品、奶制品，以肉类产品为主。结合各省市的具体数据来看，在肉类品类的品牌发展方面，广西壮族自治区和青海省拥有肉类品类品牌数量为 31 个，居第一位，内蒙古自治区、山东省、四川省在该品类品牌数量为 30 个，居第二位；云南省、甘肃省在肉类产品品类中的品牌数量分别为 25 个和 24 个，排在第三位和第四位。其他四类畜牧业类产品分布情况并不均衡，可以发现其地域性更强，生产也更集中。如表 4－6 和图 4－5 所示。

表 4 – 6 各省市畜牧业产品品种类分布情况

省份	肉类产品	蛋类产品	奶制品	蜂类产品	其他畜牧产品	总计
广西	31	1	0	1	1	34
青海	31	0	0	0	0	31
内蒙古	30	0	0	0	1	31
山东	30	1	0	1	5	37
四川	30	1	0	5	3	39
云南	25	0	1	0	0	26
甘肃	24	1	0	5	0	30
贵州	21	3	0	2	0	26
新疆	16	0	0	5	0	21
江西	15	1	0	2	0	18
湖北	13	2	0	2	2	19
湖南	12	1	0	0	1	14
山西	11	0	0	8	0	19
福建	9	0	0	0	0	9
江苏	9	0	0	0	1	10
宁夏	9	1	1	2	1	14
黑龙江	8	1	0	2	0	11
西藏	8	0	0	1	0	9
海南	7	0	0	0	1	8
辽宁	6	3	0	2	0	11
浙江	6	0	0	0	0	6
安徽	5	0	0	0	0	5
广东	5	0	0	1	0	6
重庆	5	0	0	2	0	7
陕西	4	0	0	3	0	7
上海	4	0	0	0	0	4
北京	1	0	0	0	0	1
河南	1	1	0	0	0	2
吉林	0	0	0	1	0	1
总计	376	17	2	45	16	456

资料来源：由农业农村部地标查询网数据整理而得。

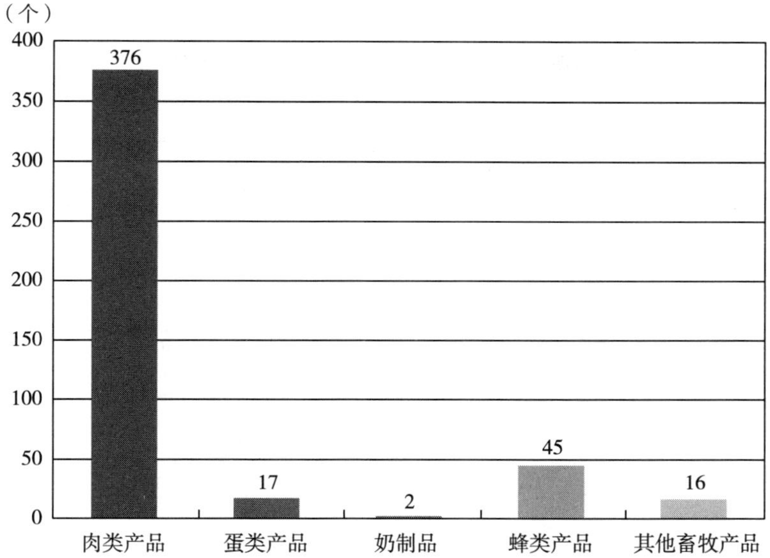

图4－5　畜牧业产品细类分布情况

（3）渔业产品。特色农产品渔业产品品类共包含细致品类三个，分别是：水产动物、水生植物、水产初级加工品。从数据的整理情况来看，在渔业产品的品牌分布当中，绝大部分的产品都是水产动物，水产植物仅有6项，而水产初级加工品类目前还没有相应的品牌出现，处于空白期。在水产动物品类下，结合各省市的具体数据来看，在水产动物类的品牌发展方面，山东省在该类别中品牌数量最多，为52个，排第一位；其次是辽宁省，为27个；第三名是黑龙江省，为24个，如图4－6所示。

4.1.6　特色农产品果品类品牌现状

截至2019年12月，中国特色农产品果品品类的品牌登记数量为763个，占全国特色农产品品牌总数的27.47%，从图4－7中各年度特色农产品果品品牌登记数量的变化来看，可以看出，2008～2019年，果品类产品品牌每年都有新增的登记数量，且近年来登记数量开始趋于平稳。

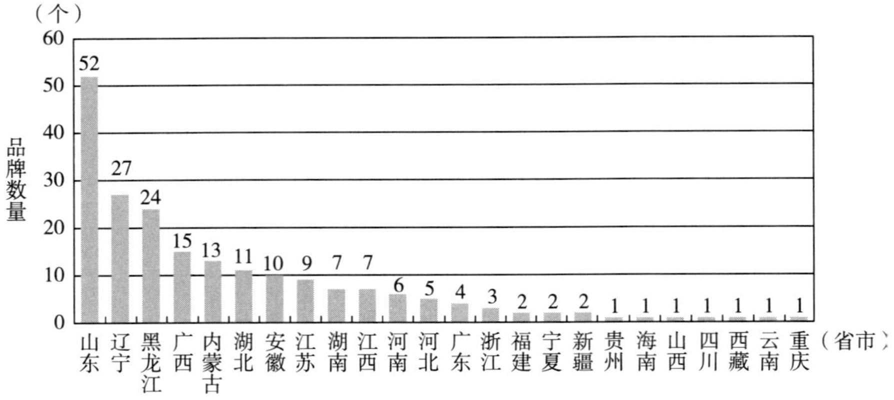

图 4－6 渔业产品细类分布情况

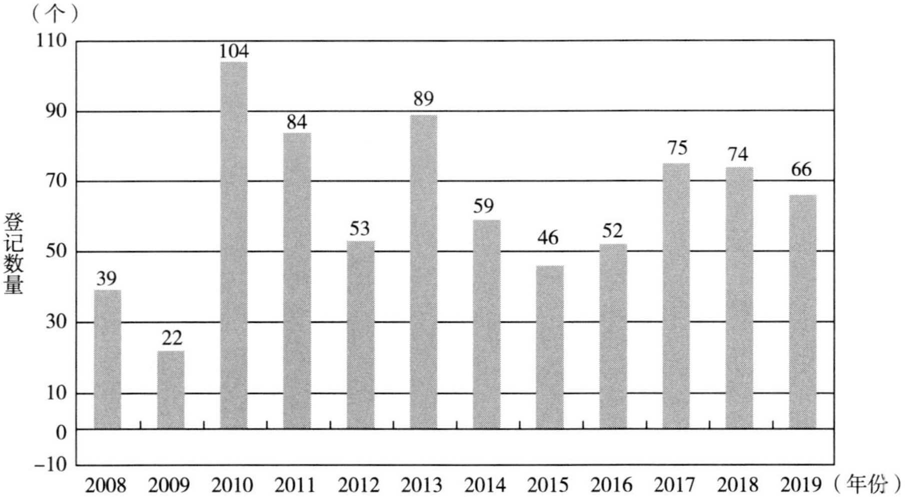

图 4－7 果品类产品登记数量分布

从各省果品品类分布情况来看，山东省拥有的特色果品品牌数量最多，高达 102 个；其次是四川省，拥有品牌数量 63 个；第三名是山西省，拥有品牌数量 55 个；新疆作为著名的瓜果之乡，在果品品牌数量排名上，排名第四，拥有品牌数量 53 个。具体如表 4－7 及图 4－8 所示。

表4-7　果品品牌数量拥有数排名

排名	省份	品牌数量	百分比（%）	累计百分比（%）
1	山东	102	13.37	13.37
2	四川	63	8.26	21.63
3	山西	55	7.21	28.83
4	新疆	53	6.95	35.78
5	陕西	41	5.37	41.15
6	广西	38	4.98	46.13
7	湖北	33	4.33	50.46
8	浙江	32	4.19	54.65
9	河南	30	3.93	58.58
10	辽宁	29	3.80	62.39
11	甘肃	28	3.67	66.06
12	黑龙江	27	3.54	69.59
13	贵州	25	3.28	72.87
14	云南	24	3.15	76.02
15	湖南	19	2.49	78.51
16	内蒙古	19	2.49	81.00
17	福建	17	2.23	83.22
18	宁夏	16	2.10	85.32
19	海南	14	1.83	87.16
20	江西	13	1.70	88.86
21	安徽	12	1.57	90.43
22	江苏	12	1.57	92.01
23	重庆	12	1.57	93.58
24	河北	10	1.31	94.89
25	北京	9	1.18	96.07
26	广东	9	1.18	97.25
27	上海	6	0.79	98.03
28	天津	5	0.66	98.69

续表

排名	省份	品牌数量	百分比（%）	累计百分比（%）
29	吉林	4	0.52	99.21
30	青海	3	0.39	99.61
31	西藏	3	0.39	100.00

资料来源：由农业农村部地标查询网数据整理而得。

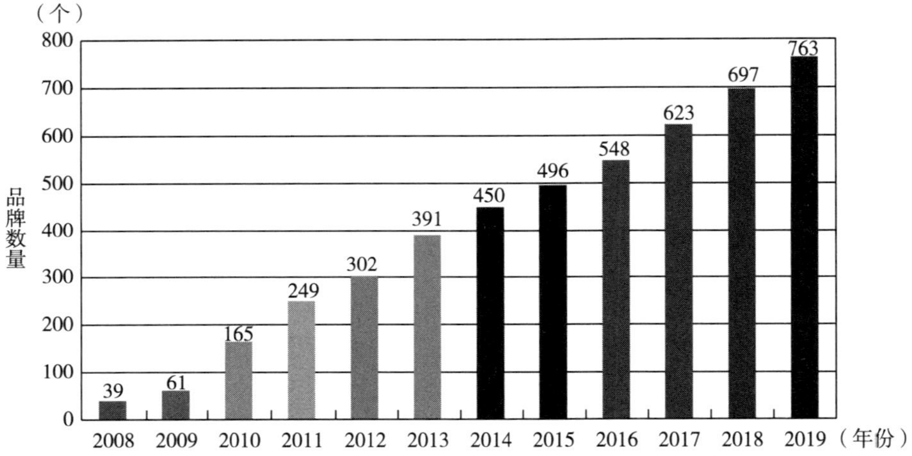

图4-8　果品类产品年度数量分布

4.2　新疆特色农产品区域品牌现状

4.2.1　农产品地理标志数量分布整体现状

由表4-8可以看出，新疆农产品地理标志产品的申报是从2009年开始的，当时只申报了2个品类，但是从2010年开始，与全国的地理标志产品申报的情形一样，新疆农产品地理标志产品申报也出现了一个较高的增长区间，2010年以后，新疆平均每年新增地理标志产品12个，但增速在逐年放缓，每年地理标志产品数量占全国地理标志产品数量的比重也在逐步增加并保持稳定，11年间新疆总地理标志产品数占全国地理标志产品数的比重平均为5.16%，说明新疆特色农产品区域品牌的发展速度略高于全国特色农产品的平均发展速度。

表4-8 2008~2019年新疆地理标志数量总体情况

年份	当年申报数（个）	当年总数（个）	增速（%）	占当年全国总数的比重（%）
2009	2	2.0	—	1.65
2010	8	10.0	400.00	4.95
2011	19	29.0	190.00	5.42
2012	10	39.0	34.48	4.67
2013	36	75.0	92.31	7.16
2014	6	81.0	8.00	5.89
2015	10	91.0	12.35	5.73
2016	11	102.0	12.09	5.69
2017	9	111.0	8.82	5.54
2018	8	119.0	7.21	5.31
2019	2	121.0	1.68	4.80

资料来源：由农业农村部地标查询网数据整理而得。

从图4-9可以看出，新疆地区在2011~2014年有较高数量的新增地理标志产品，2014年至今，每年的地理标志产品的新增情况基本稳定，除2019年有一定的下降外，其余年份的新增数量每年基本都保持在10个左右。从总体的数量发展趋势来看，从开始申报地理标志产品到2019年，新疆地区的地理标志产品数量已达121个，整体上呈增长趋势，但2019年仅新增地理标志产品两个，这一信号可能预示着新疆地理标志产品的申报已经到达了瓶颈期。

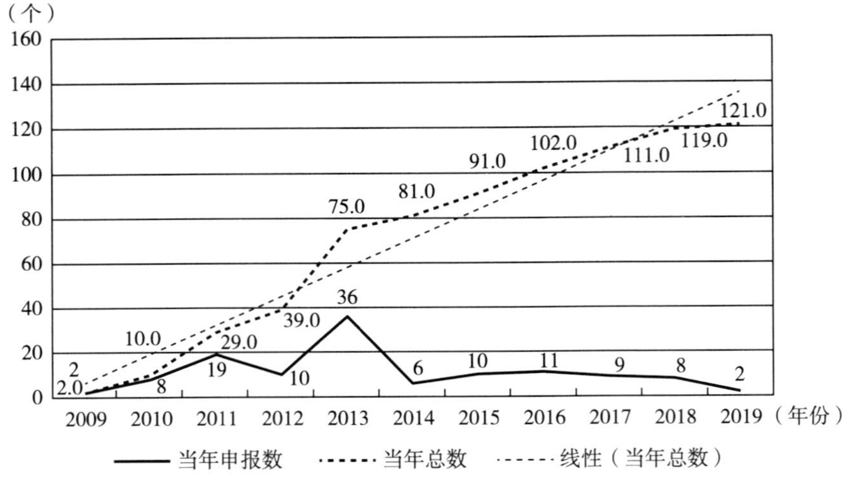

图 4－9　新疆地区地理标志产品申报情况

4.2.2　新疆各地州特色农产品地理标志分布现状

由表 4－9 和图 4－10 可以得到，截至 2019 年，新疆共有 16 个地区申报了地理标志产品，其中，伊犁州直属以 23 个地理标志产品居于新疆地区第一名，占新疆总地理标志产品数的 19.01%；和田地区、昌吉回族自治州分别以 20 个和 17 个地理标志产品数量分别居于第二、第三位，各占新疆地理标志产品总数的 16.53% 和 14.05%。这三个地区的地理标志产品数量总数达 60 个，占新疆地理标志产品总数的 49.59%，可见新疆地理标志产品的分布主要集中在上述三个地区。

表 4－9　2019 年新疆各地区地理标志数量情况

排名	地区	数量（个）	地理标志产品	比例（%）
1	伊犁治州直属	23	新疆兵团七十三团大米、阿力玛里树上干杏、六十八团大米、巩留核桃、特克斯苹果、唐布拉黑蜂蜂蜜、喀拉布拉苹果、昭苏大蒜、昭苏油菜、霍城薰衣草、特克斯山花蜜、喀拉布拉桃子、巩留树上干杏、那拉提黑蜂蜂蜜、昭苏天马、霍城树上干杏、霍城樱桃李、惠远胡萝卜、巩留苹果、昭苏马铃薯、莫乎尔葡萄、巩留天山伊贝、察布查尔大米	19.01

续表

排名	地区	数量（个）	地理标志产品	比例（%）
2	和田地区	20	和田玉枣、尼雅昆仑雪菊、安迪尔甜瓜、策勒红枣、策勒石榴、科克铁热克葡萄、皮山山药、策勒小茴香、于田红柳大芸、于田沙漠玫瑰、克里阳雪菊、和田阿克恰勒甜瓜、民丰大枣、尼雅黑鸡、和田一牧场雪菊、和田一牧场羊肉、皮亚勒玛甜石榴、和田御枣、尼雅羊肉、于田麻鸭	16.53
3	昌吉回族自治州	17	木垒白豌豆、木垒鹰嘴豆、奇台白洋芋、奇台四平头辣椒、奇台面粉、玛纳斯萨福克羊、阜康打瓜籽、老龙河西瓜、呼图壁奶牛、木垒羊肉、吉木萨尔白皮大蒜、阜康蟠桃、五工台红薯、石梯子洋葱、一四八团彩棉、木垒长眉驼、吉木萨尔鸡	14.05
4	巴音郭楞蒙古自治州	14	塔里木垦区马鹿胶、塔里木垦区马鹿花盘、巴音布鲁克蘑菇、尉犁甜瓜、尉犁西瓜、博湖辣椒、新疆兵团二十七团啤酒花、开来红辣椒、塔里木垦区马鹿茸、新疆兵团三十一团罗布麻、尉犁罗布羊肉、新疆兵团二十九团香梨、二二三团苹果、尉犁罗布麻茶	11.57
5	阿克苏地区	9	新疆兵团五团苹果、柯坪恰玛古、乌什鹰嘴豆、沙雅罗布麻蜂蜜、库车小白杏、新疆兵团六团苹果、新疆兵团三团核桃、沙雅罗布麻茶、温宿大米	7.44
6	阿勒泰地区	8	新疆兵团一八四团苹果、顶山食葵、禾木蜂蜜、切尔克齐奶花芸豆、喀纳斯蜜瓜、哈纳斯黄豆、青河阿魏菇、北屯白斑狗鱼	6.61
7	哈密地区	5	淖毛湖哈密瓜、柳树泉大枣、三塘湖哈密瓜、南湖哈密瓜、哈密羊肉	4.13
8	石河子市	5	石河子一四三团蟠桃、下野地西瓜、炮台甜瓜、石河子鲜食葡萄、石河子肉苁蓉	4.13
9	喀什地区	4	伽师瓜、莎车甜瓜、新疆兵团四十八团红枣、铁力木小茴香	3.31
10	塔城地区	4	达因苏牛肉、新疆兵团一七零团沙棘、裕民无刺红花、安集海辣椒	3.31

续表

排名	地区	数量（个）	地理标志产品	比例（%）
11	乌鲁木齐市	4	头屯河葡萄、西山农牧场马铃薯、达坂城蚕豆、米泉大米	3.31
12	博尔塔拉蒙古自治州	3	新疆兵团八十四团色素菊花、博乐红提、精河枸杞	2.48
13	吐鲁番地区	2	托克逊红枣、托克逊杏	1.65
14	克拉玛依市	1	乌尔禾垦区白兰瓜	0.83
15	图木舒克市	1	小海子草鱼	0.83
16	五家渠市	1	一〇三团甜瓜	0.83
合计		121		100.00

资料来源：由农业农村部地标查询网数据整理而得。

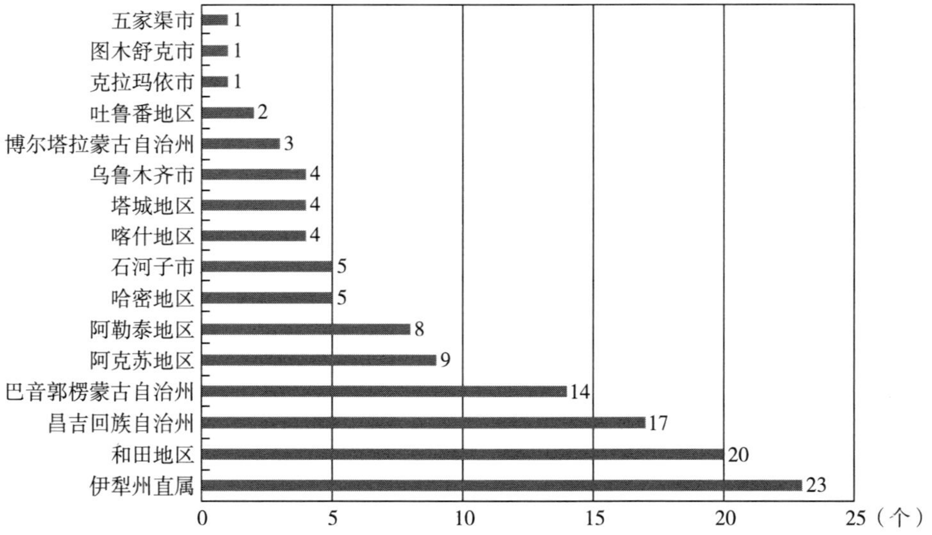

图4－10　2019年新疆各地区地理标志产品分布

从产品的种类分布上来看，新疆的地理标志产品主要以水果、粮食、蔬菜、肉类为主。从地理区域的分布情况来看，水果主要集中在河谷、盆地等区域。

由图4－11可以看出，新疆特色农产品区域品牌涉及15个产品品类，按照产品品牌数量从多到少具体排名如下：果品、肉类产品、蔬菜、粮食、药材、蜂类产品、花卉、棉麻蚕桑、其他畜牧产品、食用菌、香料、其他植物、水产动物、油料、茶叶。新疆特色农产品的种数多样性可见一斑，其中排名最高的果品为新疆特色农产品区域品牌的代表性品类，当前产品品牌数为53个。

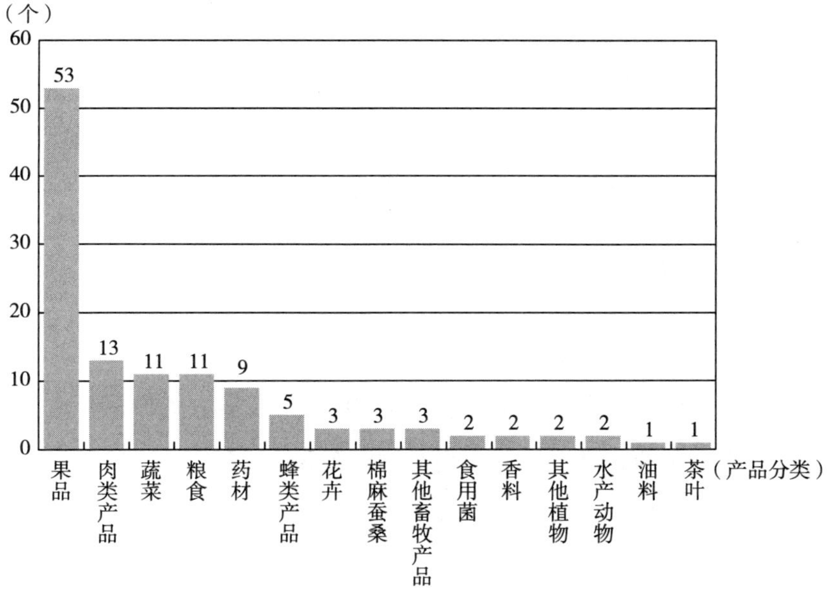

图4－11　2019年新疆地理标志产品分类

4.2.3　新疆特色农产品果品品类分布现状

图4－12为2019年新疆各特色农产品果品类产品区域品牌分布数量情况，可以看出，伊犁州直属拥有品牌数量最多，为10个；其次是和田地区，拥有果品类特色农产品区域品牌9个；排名第三的是巴音郭楞蒙古自治州，拥有品牌数量5个。

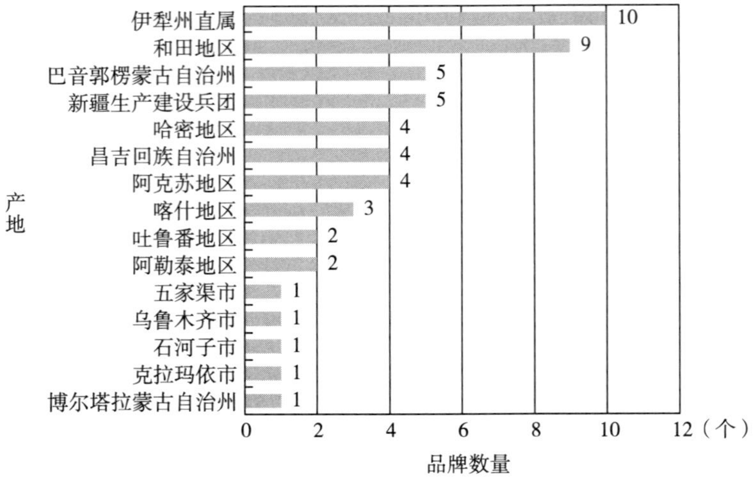

图 4－12　2019 年新疆果品区域品牌各产地品牌数量

4.2.4　新疆果品类区域品牌的品牌价值现状

2019 年，浙江大学 CARD 中国农业品牌研究中心联合浙江永续农业品牌研究院等权威机构，对中国 136 个果品区域品牌的价值进行评估，这些区域品牌中，以苹果为主的仁果类区域公用品牌数量最多，达到了 33 个，占研究整体有效评估品牌数量的 26%；其次是柑橘类和核果类区域公用品牌，均为 27 个，具体数据如图 4－13 所示。

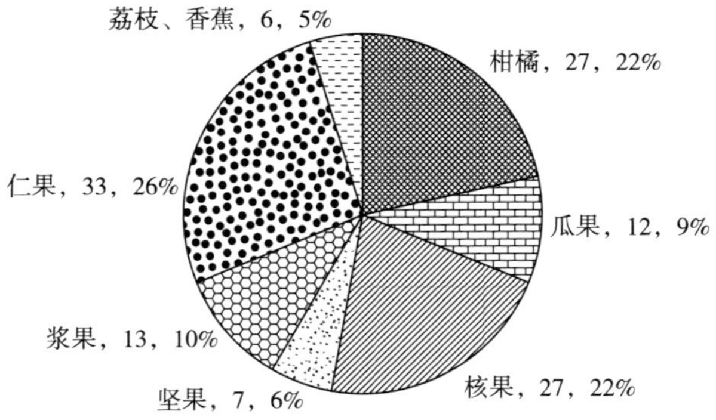

图 4－13　2019 年果品区域品牌有效评估品牌品类分布

本次价值评估过程中，有效评估区域品牌数量125个，其品牌价值平均值达到了18.88亿元，品牌价值中位值为12.63亿元，与上年相比，分别提升了0.05亿元和0.67亿元。可见，中国果品区域公用品牌的品牌价值整体得到了提升，尤其是居于中间部分的品牌，品牌价值提升明显。位列品牌价值前三位的品牌是烟台苹果、库尔勒香梨和洛川苹果，分别达到了141.48亿元、100.92亿元和73.10亿元。

品牌价值在100亿元以上的品牌共计2个，即烟台苹果和库尔勒香梨，其中库尔勒香梨品牌价值首次突破百亿元；品牌价值居于50亿元和100亿元之间的品牌共计6个；品牌价值在10亿元和50亿元之间的品牌数量最多，共计71个，占整体有效评估品牌数量的56.80%；品牌价值在10亿元以下的品牌共计46个，其中2个品牌的品牌价值不足亿元。

从表4－10可以看出，新疆在此次的区域品牌调查研究中，新疆地区的特色果品区域品牌仅有三个，一个是居于第二位的库尔勒香梨，品牌价值100.92亿元；第13位的哈密瓜，品牌价值43.32亿元；第14位的阿克苏苹果，品牌价值42.22亿元。

表4－10　2019年果品区域品牌价值前100位

排名	省份	品牌名称	品牌价值（亿元）	排名	省份	品牌名称	品牌价值（亿元）
1	山东	烟合苹果	141.48	11	陕西	大荔冬枣	44.94
2	新疆	库尔勒香梨	100.92	12	山东	蒙阴蜜桃	44.45
3	陕西	洛川苹果	73.10	13	新疆	哈密瓜	43.32
4	山东	栖霞苹果	62.00	14	新疆	阿克苏苹果	42.22
5	河南	灵宝苹果	61.92	15	山东	昌乐西瓜	89.50
6	甘肃	平凉金果	51.01	16	甘肃	天水花牛苹果	38.63
7	山东	烟台大樱桃	50.81	17	湖北	宜都蜜橘	34.50
8	陕西	白水苹果	50.30	18	福建	永春芦柑	33.34
9	辽宁	东港草莓	48.07	19	山东	东明西瓜	32.38
10	陕西	周至猕猴桃	47.06	20	山西	万荣苹果	31.64

续表

排名	省份	品牌名称	品牌价值（亿元）	排名	省份	品牌名称	品牌价值（亿元）
21	四川	苍溪红心猕猴桃	30.86	51	山东	蒙阴苹果	15.90
22	海南	三亚芒果	30.82	52	陕西	临渭葡萄	15.33
23	重庆	奉节脐橙	30.24	53	广东	高州龙眼	15.30
24	浙江	临安山核桃	27.02	54	浙江	慈溪葡萄	15.17
25	陕西	旬邑苹果	26.81	55	陕西	凤翔苹果	14.99
26	陕西	蒲城酥梨	26.78	56	陕西	富平柿饼	14.71
27	内蒙古	扎兰屯沙果	26.71	57	四川	邻水脐橙	13.52
28	宁夏	香山压砂西瓜	26.56	58	甘肃	秦安蜜桃	13.13
29	甘肃	秦安苹果	25.98	59	四川	朝天核桃	13.10
30	福建	福州橄榄	21.62	60	四川	泸州桂圆	13.06
31	河北	迁西板栗	24.09	61	山东	沂水苹果	13.05
32	陕西	铜川苹果	23.96	62	浙江	奉化水蜜桃	12.99
33	陕西	城固柑橘	23.89	63	四川	资中血橙	12.63
34	湖北	罗田板栗	23.49	64	浙江	余姚杨梅	12.10
35	湖北	秭归脐橙	22.84	65	浙江	慈溪杨梅	12.06
36	广东	高州荔枝	22.61	66	山东	金乡白梨瓜	12.01
37	浙江	象山柑橘	21.14	67	北京	昌平苹果	11.79
38	浙江	仙居杨梅	20.67	68	山东	莘县西瓜	11.75
39	河北	宣化牛奶葡萄	20.42	69	安徽	怀远石榴	11.55
40	山东	福山大樱桃	20.41	70	重庆	开县春橙	11.52
41	湖南	石门柑橘	20.32	71	重庆	忠橙	11.37
42	山西	柳林红枣	19.89	72	山东	青州蜜桃	11.28
43	云南	蒙自石榴	19.72	73	甘肃	礼县苹果	11.15
44	广东	高州香蕉	19.35	74	山东	莘县香瓜	11.12
45	四川	都江堰猕猴桃	19.26	75	上海	南汇水蜜桃	10.65
46	湖南	麻阳柑橘	18.87	76	广西	融安金橘	10.52
47	湖南	黔阳冰糖橙	18.29	77	河南	中牟西瓜	10.30
48	广东	普宁青梅	18.21	78	陕西	户县葡萄	10.19
49	山西	稷山板枣	16.42	79	广东	龙门年橘	10.15
50	重庆	巫山脆李	16.28	80	陕西	武功猕猴桃	9.89

续表

排名	省份	品牌名称	品牌价值（亿元）	排名	省份	品牌名称	品牌价值（亿元）
81	山东	大泽山葡萄	9.80	91	四川	合江荔枝	7.62
82	山西	临猗苹果	9.70	92	江西	广丰马家柚	7.61
83	湖北	百里洲砂梨	9.51	93	山东	莱阳梨	7.35
84	浙江	常山胡柚	9.36	94	广东	普宁蕉柑	7.25
85	重庆	渝北梨橙	9.17	95	山东	茌平圆铃大枣	6.69
86	四川	石棉黄果柑	9.09	96	山东	双堠樱桃	6.24
87	重庆	橘官堂	8.97	97	陕西	合阳红提葡萄	5.98
88	浙江	余姚葡萄	8.95	98	陕西	洛南核桃	5.80
89	江苏	阳湖水蜜桃	8.89	99	重庆	丰都红心柚	5.52
90	陕西	彬州梨	8.01	100	福建	顺昌芦柑	5.40

资料来源：由中国农业品牌研究中心数据整理而得。

从表 4－11 可以看出，2019 年在区域品牌价值排名前 100 位的区域品牌中，山东省以拥有 17 个前 100 位区域品牌拥有量位居第一名；第二名为陕西省，拥有 16 个；第三名是浙江省，拥有品牌数 9 个；而新疆仅占据了 3 个，排名第 12 位。但从前 100 位各省市的区域品牌价值均值排名情况来看，新疆的区域品牌平均品牌价值以 62.1533 亿元位居各省市之首，可见虽然新疆入选区域品牌价值前 100 位的品牌数量不多，但每种区域品牌的品牌价值都相对较高，可以看出，新疆的区域品牌的价值具备一定的价值优势，但新疆水果类区域品牌的知名品牌很少。

表 4－11　2019 年果品区域品牌价值前 100 位各地区拥有数排名

省份	频率	拥有数排名	平均价值	平均价值排名
山东	17	1	32.1312	4
陕西	16	2	25.1088	9
浙江	9	3	15.4956	16

续表

省份	频率	拥有数排名	平均价值	平均价值排名
四川	8	4	14.8925	18
重庆	7	5	13.2957	19
广东	6	6	15.4783	17
甘肃	5	7	27.9800	6
湖北	4	8	22.5850	10
山西	4	9	19.4125	14
新疆	3	12	62.1533	1
福建	3	10	20.1200	12
湖南	3	11	19.1600	15
河南	2	14	36.1100	3
河北	2	13	22.2550	11
辽宁	1	21	48.0700	2
海南	1	18	30.8200	5
内蒙古	1	22	26.7100	7
宁夏	1	23	26.5600	8
云南	1	25	19.7200	13
北京	1	16	11.7900	20
安徽	1	15	11.5500	21
上海	1	24	10.6500	22
广西	1	17	10.5200	23
江苏	1	19	8.8900	24
江西	1	20	7.6100	25

资料来源：由中国农业品牌研究中心数据整理而得。

虽然有“库尔勒香梨”“哈密瓜”和“阿克苏苹果”这些具有高品牌价值的农产品区域品牌，但新疆仍然有很多有特色、有区域优势、有产业优势的产品（如新疆八大怪①等），因此特色农产品区域品牌的构建仍需要不断加强，

① 新疆八大怪指的是新疆有名的特产：和田的无花果、吐鲁番的葡萄干、库车的杏脯、木垒的鹰嘴豆、罗布泊的罗布麻茶、伊犁的奶酪、哈密的哈密瓜干和喀什的巴旦木。

以提升新疆特色农产品的区域品牌数量，进而提高新疆特色农产品的品牌综合竞争力、产业竞争力，促进农产品营销，获取更大的经济效应。

4.3 “阿克苏苹果”区域品牌发展现状

4.3.1 “阿克苏苹果”种植面积与产量现状

中国是世界上苹果种植面积最大、总产量最高的国家，中国正从苹果生产大国向苹果产业强国迈进。中国苹果的产区较多，以山东、陕西、山西、河南、新疆等地产出的苹果的品质最优。而新疆产区又以阿克苏的冰糖心苹果最受消费者喜爱。阿克苏冰糖心苹果以红富士苹果为基础，在新疆阿克苏地区独特区位优势条件下，经过长期的培养逐渐形成了阿克苏冰糖心苹果的独特品质。

2019~2020年，农产品期货网预计中国苹果产量将达到4100万吨，产量较上年上升了24%。苹果的种植面积将达到196万公顷。从整体情况来看，苹果的种植面积基本保持稳定。从种植地域的分布状况来看，苹果种植正在慢慢地从东部传统地区向西部地区转移；也从南部地区向北部地区发展。当前全国种植苹果的省份超过20个，主要产区为山东、陕西、河南、山西、甘肃、新疆等7个省份，其主产区的苹果产量占据了全国苹果总产量的近90%。

如表4-12所示，截至2018年底，阿克苏地区苹果种植总面积总量约为2.59万公顷，其中红旗坡农场1.2万公顷，温宿县0.7万公顷，阿克苏市种植面积约为0.7万公顷，形成了以红旗坡农场、阿克苏市周边、温宿县为主要冰糖心苹果核心产区。最新数据显示，新疆阿克苏地区现有苹果园种植面积为34万亩，2019年产量68.8万吨。其中红旗坡农场自成立以来发展迅速，目前依然发展成为了阿克苏地区重要的核心苹果产区。

表 4－12 2015～2018 年阿克苏地区苹果栽培面积及产量情况

年份	种植面积（公顷）	产量（吨）
2015	17851	416480
2016	17877	542152
2017	21285	597484
2018	25923	630425

资料来源：由新疆统计年鉴数据整理而得。

4.3.2 “阿克苏苹果”区域品牌价值

近 20 多年来，阿克苏“冰糖心”苹果借助于多方面的优势，多次在全国苹果评比中获得奖项，远销港澳和新马泰、俄罗斯等国家和地区。获得的主要成就如表 4－13 所示。

表 4－13 阿克苏苹果区域品牌主要成绩

年份	成就
1992	获得亚太经合会 48 届会议《荣誉证书》
1993	荣获国家颁发的《绿色食品证书》
2001	被评为“新疆农业名牌产品”，被消费者协会评选为“推荐商品”
2003	阿克苏苹果被新疆维吾尔自治区消费者协会评选为“推荐产品”
2007	在北京举办的“2008 北京奥运会推荐果品评选”活动中脱颖而出，一举夺得苹果类唯一的一等奖，奥组委、市委等 6 家单位联合选定为 2008 北京奥运会指定果品；获奥运综合类果品一等奖、“中华名果”称号，并获得国际林业博览会金奖、银奖
2011	原国家质检总局批准实施“阿克苏苹果”地理标志产品保护。阿克苏冰糖心苹果自此成为了区域品牌
2014	阿克苏还被列为“全国苹果产业知名品牌创建示范区”阿克苏冰糖心苹果被国家二商总局认定为中国驰名商标
2017	在第十届中国义乌国际森林产品博览会上荣获金奖

资料来源：笔者收集数据整理而得。

在 2019 年中国果品区域公用品牌价值评估报告中，栖霞苹果、稷山板枣、大荔冬枣、哈密瓜和广丰马家柚 5 个品牌各展千秋，分别位列品牌带动力、品牌资源力、品牌经营力、品牌传播力和品牌发展力的榜首，具体数据如表 4－14所示。其中，哈密瓜在品牌带动力、品牌资源力、品牌经营力和品牌传播力上均有较大优势，且品牌传播力再创新高，达到了 102.13，是唯一一个突破 100 的品牌。可见，哈密瓜在品牌传播上的工作成效显著。而阿克苏品牌仅在品牌带动力上具有不错的表现，但在品牌资源力、品牌经营力、品牌传播力、品牌发展力方面都有很大的不足。

表 4－14　品牌强度五力前 10 位果品区域品牌汇总

品牌带动力		品牌资源力		品牌经营力		品牌传播力		品牌发展力	
栖霞苹果	95.74	稷山板枣	99.56	大荔冬枣	95.26	哈密瓜	102.13	广丰马家柚	90.87
阿克苏苹果	92.59	慈溪杨梅	95.72	秭归脐橙	94.58	栖霞苹果	90.25	秭归脐橙	89.95
烟台苹果	90.76	黔阳冰糖橙	95.15	哈密瓜	94.42	仙居杨梅	89.93	奉节脐橙	89.74
哈密瓜	90.12	开县春橙	95.11	仙居杨梅	94.25	烟台苹果	89.80	栖霞苹果	88.52
洛川苹果	89.69	大泽山葡萄	95.11	开县春橙	93.98	库尔勒香梨	89.78	大荔冬枣	88.43
白水苹果	89.00	泸州桂圆	94.41	迁西板栗	93.34	南汇水蜜桃	89.28	罗田板栗	87.53
库尔勒香梨	88.82	哈密瓜	94.14	栖霞苹果	93.29	秭归脐橙	88.94	苍溪红心猕猴桃	87.30
大荔冬枣	88.67	迁西板栗	93.77	忠橙	93.08	洛川苹果	88.07	石棉黄果柑	86.73
迁西板栗	88.56	秭归脐橙	92.76	黔阳冰糖橙	92.02	奉节脐橙	87.94	洛南核桃	86.52
蒙自石榴	88.54	彬州梨	92.69	莱阳梨	91.78	大泽山葡萄	87.53	开县春橙	86.46

资料来源：由中国农业品牌研究中心数据整理而得。

进一步盘点品牌知名度、认知度和好感度的前 10 位品牌（见表 4－15），哈密瓜独占鳌头，其知名度、认知度和好感度分别以 101.30、108.60 和 96.70 位列第一。相对而言，哈密瓜在好感度上略低于其知名度和认知度。各果品区域公用品牌在注重提升品牌知名度和认知度的同时，更要加强对品牌好感度的维护。在这一方面，阿克苏苹果的认知度做得相对较好，但是在知名度与好感度上与其他苹果品牌相比，还存在很大的不足。

表 4-15　品牌知名度、认知度、好感度前 10 位果品区域品牌汇总

知名度		认知度		好感度	
哈密瓜	101.30	哈密瓜	108.60	哈密瓜	96.70
栖霞苹果	93.69	烟台大樱桃	92.91	南汇水蜜桃	96.40
秭归脐橙	88.65	仙居杨梅	90.34	大泽山葡萄	93.91
蒙阴蜜桃	87.49	烟台苹果	89.69	蒙自石榴	93.89
库尔勒香梨	87.07	库尔勒香梨	89.66	秭归脐橙	93.61
烟台大樱桃	86.32	洛川苹果	89.59	穆阳水蜜桃	93.26
烟台苹果	86.24	阿克苏苹果	89.28	烟台苹果	92.87
仙居杨梅	86.24	奉节脐橙	89.11	仙居杨梅	92.62
洛川苹果	86.10	奉化水蜜桃	88.84	巫山脆李	92.46
巫山脆李	85.35	莱阳梨	88.38	宣化牛奶葡萄	92.16

资料来源：由中国农业品牌研究中心数据整理而得。

在此次的区域品牌价值调查过程中，苹果类的区域品牌数量最多，而新疆也有知名的苹果类区域品牌，以区域品牌阿克苏苹果与其他地区的苹果类区域品牌进行比较，一定程度上能够反映新疆特色的区域品牌价值的不同。

表 4-16 为苹果类的区域品牌价值前 10 位的排名情况，可以看出，山东的烟台苹果以 141.48 亿元居苹果类区域品牌价值排行榜第一位，陕西的洛川苹果以区域品牌价值 73.1 亿元居第二位，而新疆的阿克苏品牌区域品牌价值为 42.22 亿元，排第七位，新疆在区域品牌价值上与烟台相比有很大的实际差距，差额将近 100 亿元，因而可以得出，新疆苹果类的区域品牌在苹果市场的竞争上，优势并不是十分的显著，品牌价值的提升空间还有很大，进而可以知道，新疆通过对区域品牌的构建提升区域品牌价值已经迫在眉睫。

表 4-16　2019 年苹果区域品牌价值前 10 位

排序	省份	品牌名称	品牌价值（亿元）
1	山东	烟台苹果	141.48
2	陕西	洛川苹果	73.1

续表

排序	省份	品牌名称	品牌价值（亿元）
3	山东	栖霞苹果	62
4	河南灵	宝苹果	61.92
5	甘肃	平凉金果	51.01
6	陕西	白水苹果	50.3
7	新疆	阿克苏苹果	42.22
8	甘肃	天水花牛苹果	38.63
9	山西	万荣苹果	31.64
10	陕西	旬邑苹果	26

资料来源：由中国农业品牌研究中心数据整理而得。

4.3.3 “阿克苏苹果”区域品牌运营现状

4.3.3.1 市场运营现状

从国内市场的运营现状来看，2019年春季以来苹果的价格随着全国苹果库存量的下降开始出现增长。批发市场价格和零售店价格在2019年7月达到了10年来的最高纪录，然而，随着2019年7月苹果的恢复上市，苹果价格开始下降。

而“阿克苏苹果”的运营状况也较为良好，全国各大一线城市如北京、上海、广州等均可以购买到“阿克苏苹果”，在浙江省的市场上，“阿克苏苹果”还专门推出了“十城百店”项目，该项目构建了浙阿两地的现代市场流通网络体系，促进了“阿克苏苹果”在浙江地区的市场运营，该项目的建设更是为“阿克苏特色农产品”在全国市场中的开拓提供了成功的示范。

在国外市场上，中国“阿克苏苹果”独特的产品品质已经逐渐被国外的消费者接受和认可，远销海外。主要的出口国家有新加坡、马来西亚、泰国、巴基斯坦、俄罗斯等。并且依托霍尔果斯口岸，阿克苏苹果在中亚市场的开拓上也取得了一定的成效。根据最新的相关数据，2019年阿克苏苹果的出口量达到105万吨，主要面向的是南亚或者东南亚国家和地区。然而2017年以来，由于受到检疫性虫害的影响，无法出口印度，2019年，俄罗斯也因检疫性虫害的问题停止了对中国苹果的进口。

据了解，2019年6月，新疆阿克苏地区遭受大面积冰雹灾害，致使当地农作物减产严重，这也将阿克苏苹果推升至30年不遇的高价。由于价格过高，当地果农与客商间一直开展拉锯战，不少市场消费者也干脆放弃购买，最终导致阿克苏苹果有价无市，销量大幅下滑。在此困局之下，不少商户干脆降价销售，缓解滞销压力。根据2019年河南万邦市场统计，2019年1月5日至11日，阿克苏苹果均价为10.5元/千克，较此前一周均价下降6.36%，月环比下降13.26%，不过仍较上年同期上涨约50.64%。万邦市场分析称，由于前期阿克苏苹果上市定价过高，市场消费者难以承受，便退而求其次选择其他水果。许多商户因此出现滞销情况，销量下滑明显，只能降价出售。

4.3.3.2 营销模式现状

随着新媒体时代的到来，对营销模式的冲击也极为巨大，线上线下相结合的营销模式是阿克苏品牌销售的主要模式，但在这种互联网的体系下，从不同的营销主体上来看，阿克苏苹果当前的营销模式主要有以下几种：

（1）龙头企业+农户。“龙头企业+农户”的模式大家并不陌生，即企业与农户签订协议，协议内容主要包括双方对产品、价格、质量等方面的约束，合作模式为农户主管生产作业，企业主管经营。阿克苏地区在苹果销售方面的著名龙头企业为“红旗坡”集团公司，该公司前身为成立于1958年阿克苏地区的红旗坡农场，坐落于天山南麓中段，南邻阿克苏市，西毗温宿县，主产区内有阿克苏飞机场、314国道、省道S2949线，地理位置得天独厚，交通十分便利。区域面积32万亩，果园面积21.6万亩，职工总人数8834人。

“企业+农户”的模式，使得企业和农户之间的分工更加明确，在有限的资源下专注于做各自擅长的事，从而使得利润利益最大化。当前“红旗坡”的这种模式已经取得了较好的成效，不仅打造了属于自己的“红旗坡”品牌，更是通过该品牌连接了更多的果农，既增强“红旗坡”农场的龙头企业带头作用，又推动了果农的增收，也促进了阿克苏苹果的整体发展。

（2）团场自主销售模式。团场自主营销的模式近年来没有发生大的改变，模式较为简单，主动性不强，主要模式有：外商收购；与企业的订购；与个人的订购；与超市对接。近年来随着互联网的发展，某些团场也开发或借助电商平台开辟了网络营销的模式。

（3）农户自产自销模式。农户将自己果园的产品亲自运到市场进行销售的模式，这种模式当中也包括农户自己与企业或者个人签订订单、农户自己注册淘宝或者微商等方式。

4.3.3.3 阿克苏苹果物流现状

（1）仓储、物流发展。农产品的物流离不开有效的仓储产业，通过调查发现，阿克苏地区的冷库储藏行业发展得相对较好，其仓储基本可以满足该地区农忙时的所有需要。目前阿克苏地区拥有冷藏总规模20多万吨，储藏企业80多家，容量上万吨的储藏型企业13家，冷链物流构建较为完善。冷藏技术缓解了新疆的地理区位劣势，通过冷藏极大地延长产品的保存期，为市场竞争力的提升提供了保障。

阿克苏地区物流业目前发展迅速，新疆阿克苏地区登记注册的物流企业有576家，其中A级物流企业58家，基本建立起了与生产水平、贮藏保鲜能力相适应的冷链运输系统，初步形成南疆地区包装、物流中心。

（2）包装企业。苹果的运营离不开对苹果的包装，优异的苹果包装对苹果运营也将起到重要的推动作用，且包装除了能够有效保护产品品质之外，也是品牌传播的重要途径。近年来阿克苏地区水果包装公司发展较好，服务体系也较为完善。虽然目前大部分苹果产区还是采用人工分级的方法，但是“红旗坡”农场已经采用了先进的苹果自动分拣设备，虽然这种设备还没有普及至当前包装行业的所有企业，但其发展的前景较好。

4.3.4 “阿克苏苹果”区域品牌维护现状

“公地悲剧”的现象是农产品区域品牌在品牌维护过程中最常见的一个问题，也是最严重的问题之一。近年来，“阿克苏苹果”也没有逃出被假冒的魔爪，假冒产品层出不穷。

为了维护“阿克苏苹果”的品牌形象及“阿克苏苹果”的品牌价值，2017 年 11 ~ 12 月，由新疆阿克苏地区工商局带领地区公安局、地区苹果协会等相关部门单位前赴浙江、上海、北京、广州等地市场，展开了“阿克苏苹果”区域品牌的维权打假行动。根据通报，此次行动查获假冒“阿克苏苹果”5.8 万箱，立案查处 26 起，货值 233 万余元。

俗话说得好，“打铁还需自身硬”，在农产品区域品牌的维护过程中，仅靠打假远不如从根源上断绝假冒产品的出现效果好，如提高产品的可识别度、提高区域品牌的防伪能力等。在“阿克苏苹果”区域品牌的维护过程中，“阿克苏苹果”行业协会在品牌保护过程中发挥了至关重要的作用。在维护“阿克苏苹果”区域品牌的品牌权益行动中，2006 年 8 月，经阿克苏地区民政局核准登记，由阿克苏苹果产业发展和流通相关的生产、加工、包装、销售、仓储、物流等生产经营组织、相关企业、科研单位及技术推广服务等单位和个人自愿结合组成区域性、行业性、非营利性、互益性的经济类社团法人和社会组织。其中，协会在维权打假方面发挥了重要作用，在 2018 年维权打假过程中，郑州万邦市场查出了高达 23564 箱共计 205443 公斤的假冒“阿克苏苹果”。

二维码溯源系统的打造对维护“阿克苏苹果”区域品牌起到重要作用，通过统一规范使用阿克苏苹果包装、标识和二维码，可以对阿克苏苹果进行品牌保护，利用二维码的特性让每一个“阿克苏苹果”都拥有自己独特的“身份信息”，对提高果品质量，实施品牌保护，打造阿克苏区域大品牌，开展技术协作，提升苹果科技含量，全面推进绿色食品、无公害农产品基地建设和认证具有重要意义。这一系统的应用，不仅使消费者可以准确做出购买决策，正确地辨别优质产品，而且对区域品牌的有效保护和增值起到重要保护作用。

虽然“阿克苏苹果”协会在维护品牌过程中已经做得很好，但是品牌侵权现象还是屡禁不止，品牌假冒现象仍时有发生，仅靠行业协会的力量明显不足以维护当前“阿克苏苹果”区域品牌的品牌权益。

4.4 本章小结

本章对新疆特色农产品区域品牌的发展现状进行了较为详细的描述与分析，有纵向的与中国各省市发展现状的对比，也有横向的新疆特色农产品区域品牌新疆内部的发展现状的对比，还结合实际的具体案例，对“阿克苏苹果”的发展现状进行了较为详尽的描述，为下文的实证分析与研究提供现实的依据和支撑，通过本章的分析可以得出如下结论：

（1）新疆农产品区域品牌发展的速度与全国的平均发展速度相比略有不足，品牌申报数量与新疆地大物博的产品品类数量相比还有很大的提升空间，地理标志产品品牌的申报还应继续加强。

（2）从 2017 年新疆苹果的种植面积在全国的排名来看，新疆是相对靠后的，与其他地区如山东、陕西、甘肃等相比，新疆的苹果在种植的规模上相对落后。山东省作为一个特色农产品区域品牌拥有量较多的省份，应该有很多值得学习的宝贵经验，这给未来新疆特色农产品区域品牌的发展提供了一条可以学习经验的路径和方向。

（3）通过数据可以得出，新疆地理标志产品品牌以果品类产品区域品牌为主，但从总的类别分布情况看，新疆特色农产品所包含的产品品类数量是极大的，应该通过努力建设果品品类农产品区域品牌，带动其他区域品牌的发展，并最终为新疆特色农产品区域品牌的总体品牌价值的提升提供助力。

（4）从区域品牌的品牌价值的对比分析中可以看出，新疆的高价值区域品牌数量与国内其他省份相比还是较少的，能够代表新疆特色、体现区域差异化、体现产品优势的区域品牌较少，提高特色农产品区域品牌价值是一项亟须解决的重要问题。提高特色农产品区域品牌的品牌价值，既能够增加特色农产品的品牌竞争力，也能促进农民增收，促进乡村振兴，有效助力新疆地区的脱贫攻坚。

（5）新疆维吾尔自治区虽然有库尔勒香梨、哈密瓜和阿克苏苹果这些具有相对较高价值的品牌，但新疆仍然有很多有特色的产品、产业，却没有形成强势特色农产品区域品牌，因此特色农产品区域品牌的构建之路任重道远，需要深入探讨特色农产品区域品牌的构建模式，形成科学的思路与方法，从而高效地促进新疆农业产业竞争力的提高，促进农产品营销，促进农民增收，获取更大的经济效应，助力新疆农业的现代化进程，助力新疆经济的飞速发展。

（6）从“阿克苏苹果”区域品牌的发展现状来看，经过多年的苦心经营，消费者对该品牌的认知度较好，但随着市场竞争环境的不断恶化，无论是产品品质的把控还是品牌价值的不断提升与可持续发展都需要加强。从阿克苏苹果的经营现状来看，当前的“阿克苏苹果”营销模式依然较为传统，对品牌知名度、美誉度、忠诚度的强化不够，阿克苏需结合当前新的理论，以消费者需求为出发点，构建有效的营销模式，促进品牌价值的提升。从“阿克苏苹果”区域品牌当前的维护方式来看，其仍处于较为初级的被动防御手段，因此应转变思路，变被动为主导，可以从构建品牌的差异性以及消费者感知价值的角度进行切入。

（7）通过对特色农产品区域品牌（地理标志产品）的解析发现，地理标志产品与区域品牌之间具有一定的差异，如阿克苏地区的苹果并没有将阿克苏这一名称作为产品的地理标志名，而是具体到兵团五团、兵团六团等，这一现象的发现将进一步促进笔者对农产品区域品牌的构建形成机制的思考。同一产地的地理标志产品数量较高，虽然容易形成产品的差异性，但从产业集群的长远性考虑，这种做法会不会导致在资源整合过程中出现阻碍，这也是值得探讨的一个问题。

第5章　新疆特色农产品区域品牌构建实证分析

结合上一章“阿克苏苹果”区域品牌发展现状描述，可以看出当前“阿克苏苹果”区域品牌的发展虽然取得了一定的成绩，但也存在些许不足之处，而造成这一现象的原因是多方面的，单纯地就问题解决问题的思路已经不能充分改善现在的状况，而应从整个系统的角度出发，从农产品区域品牌构建的整体角度出发，结合本书构建的特色农产品区域品牌构建模型，对“阿克苏苹果”区域品牌进行系统分析，找到整个系统内的各环节的症结所在，并结合发现的问题，针对性地提出解决办法。

5.1　“阿克苏苹果”区域品牌构建启动阶段

特色农产品区域品牌构建的第一个环节即区域品牌启动阶段，是特色农产品区域品牌构建的开始，是农产品区域品牌在未来发展过程中的重要基石，在这一环节需要农产品区域品牌构建的主体按照科学的理论对所需创建的特色农产品区域品牌进行全面细致的分析和规划，只有明白自己想要做什么，才知道该如何去做。“阿克苏苹果”的品牌最早从什么时候开始不得而知，通过调查，笔者学习到了一句歌谣“吐鲁番的葡萄哈密的瓜，阿克苏的苹果人人夸”，也许在这句歌谣传唱的时候，“阿克苏苹果”区域品牌的雏形已经在广大消费者的心中成型。从官方数据来看，2011 年原国家质检总局批准了对“阿克苏苹果”地理标志的申请，并实施地理标志产品保护；2014 年得到中国驰名商标认证，这应该是“阿克苏苹果”正式形成的具体时间。该品牌的注册是由当时的阿克苏地委进行注册申报的，仅获得了地理标志产品保护，所以从严格的意义上来讲，并不能算是品牌的创建，更算不上是品牌启动阶段应该做的准备工作，这一阶段的缺失为当前“阿克苏苹果”区域品牌的发展埋下了隐患。后期随着“阿克苏苹果”行业协会的成立、各大企业的维护与运用、品牌商标注册成功等一系列活动，现今的“阿克苏苹果”区域品牌才形成。

因此，“阿克苏苹果”区域品牌的建立缺少必要品牌创建的分析，缺少优势分析、品类结构分析等一系列环节。下面将根据特色农产品区域品牌构建的启动阶段所设计的内容，结合“阿克苏苹果”现状进行分析。

5.1.1　“阿克苏苹果”区域品牌消费者喜好调查

在进行优势分析与选择过程中，笔者通过访谈的方式，随机对 68 名大学生及 32 名普通消费者进行了简单的访谈，以了解消费者对当前“阿克苏苹果”品牌的喜好情况，采用的访谈问题如下：

（1）你见过这个品牌吗？　你知道它是什么品牌吗？

（2）你了解这个品牌的产品用途吗？

（3）你对这个品牌的印象或感觉是什么？

（4）你和该品牌之间的关系是什么？

问题一，所有的人都能准确地说出“阿克苏苹果”这个品牌，但在调查中笔者发现，虽然所有的人都回答出了正确的答案，但是 90% 左右的被调查者是通过商标中间的汉字做出的正确判断，能够一眼识别出这是“阿克苏苹果”的人较少。

问题二，关于对品牌产品用途的回答，答案主要集中在食用性，还有部分答案表现为：送礼（平安夜等）、治病、填肚子、做菜等。

问题三，对该品牌的印象或感觉，调查的结果获得的答案有：感觉不错；印象不深刻；宣传不够好；产品好吃；应该加强；以前不清楚现在挺熟悉；家乡；甜美等众多说法。

问题四，你们之间的关系是怎样的？答案有：没有什么关系；我们是一个地方的；卖家与消费；使用关系等。

从此次的调查可以看出当前“阿克苏苹果”品牌在消费者心中的喜爱程度比预期的要差很多，第一个问题是品牌的识别性，本次调查显示商标的识别性一般，虽然能被准确辨识，但并不能够做到一眼辨识的程度，辨识效果一般；第二个问题大家的回答较为统一，主要集中在食用上；第三个问题与第四个问题的回答可以看出消费者的答案很分散，与品牌之间的关系性也不够强。

这个简单的调查给予企业或政府在构建特色农产品区域品牌上的启示是：构建品牌一定要进行品牌的可识别规划，并确定品牌的功能及品牌要带给消费者的具体印象与感受，并尽可能与消费者建立良好的关系与联系，否则，就会如当前的“阿克苏苹果”品牌一样，经过长时间的品牌运营，做出的品牌形象并不是消费者所期望的，最终结果可想而知。

5.1.2 “阿克苏苹果”品牌构建优势条件分析与选择

创建特色农产品区域品牌的第二个环节就是进行优势产业或农产品的分析及选择，并根据优势特色创建农产品区域品牌的品牌形象，防止农产品区域品牌构建的盲目性，只有选择具有较强产业关联性的优势产业或产品品质高、独特性强、差异化明显的农产品进行农产品区域品牌构建，才能够成功地创建强势农产品区域品牌，带动地区的经济发展水平。

所谓优势农产品是指一个国家或地区在独特的“区位优势”资源禀赋下，

所形成的具有明显差异的优势农产品。优势产业带来的主要是产品的成本领先，而优势农产品则更多地体现在产品的差异化，因此选择优势对象的根本原则是：该对象应能够在当前市场环境中、在具备竞争优势的前提下进行品牌构建。对于特色农产品的区域品牌构建，特色农产品本身的自然属性很容易形成地域优势，以“阿克苏苹果”为例，“阿克苏苹果”在特有的自然环境下生长，受气候、温差、光热、降雨等一系列条件影响，才形成了独特的冰糖心，也造就了阿克苏苹果与其他地区苹果在口感、外观等方面上的差异。产品优势的选择对品牌创建过程中出现的价格恶性竞争、仿冒现象严重、著名商标品牌与经济规模不相适应等不良现象也提供了解决方案。

“阿克苏苹果”在独特的生长环境中，逐渐形成了自己特有的产品特色，其中最知名的便是“冰糖心”。因此，结合消费者对产品的用途反应和“阿克苏苹果”区域品牌所具备的产品优势，以产品为中心，结合消费者对苹果产品的根本需求，提出“阿克苏苹果”的优势特征：脆度、甜酸度、大小、营养价值等。

5.2　“阿克苏苹果”区域品牌定位阶段

品牌定位是为了实现公司潜在利益的最大化，通过相关的技术方法，确定消费者对产品或服务的最佳印象，从而能够适时地进行联想，增强消费者感知价值。关于品牌定位的技术方法有很多，本书选择在品牌定位方面实用性较好的钻石定位模型，对“阿克苏苹果”的品牌定位进行分析规划。

5.2.1　定位钻石模型

定位钻石模型是由李飞教授于 2004 年在《市场定位战略的综合模型研究》一文中首先提出并使用的，该模型是基于 STP（市场营销定位战略）基本框架所构建出的一种品牌定位方法，既展现了定位流程，又考虑了营销要素之间的关联，全面整合营销要素并以4P营销策略为框架提供了较为完善的品牌定位思路，并相应地制定出有效的营销策略。具体如图5－1所示。

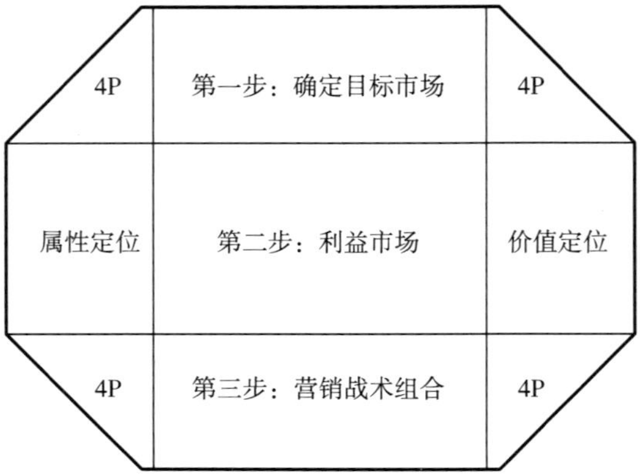

图5－1　钻石定位

该模型的使用流程共分为三步，具体流程如下：

首先通过市场调查分析进行目标市场细分；其次根据细分市场以及品牌的优势现状确定目标消费群体，即目标市场定位；最后结合消费者需求（从4P的视角）设定营销策略，成功实现品牌定位。在品牌定位过程中，有两点是非常重要的：一是满足消费者需求，二是形成品牌差异化，但最终的目标都是满足消费者的利益。而营销组合的制定则需要根据调研，结合营销要素，实施有效的营销策略。

5.2.2　“阿克苏苹果”品牌目标市场选择

（1）市场细分（Market Segmentation）。市场细分是根据消费者的需求上的差异性，以差异化的需求为基础，将消费者市场分成若干个具有显著差异的子市场的过程。其作用是结合消费者细分的需求及品牌特色之间的关系，能够帮助企业在品牌定位过程中充分发挥品牌优势，提高消费者认可度，从而提高品牌定位与发展的效率。而需求的差异往往与人口性变量有着密切的联系，因而，在市场细分过程中，往往以需求为基础，以人口性因素等维度为变量，进行细分市场的确定。对于“阿克苏苹果”品牌来说，对其细分市场的确定，可以参照个人消费市场的细分标准来进行划分，具体细分变量如表5-1所示。

表5-1 个人消费市场的细分变量

细分变量	具体因素
地理环境	国别、地区、气候、地表、城乡、交通
人口属性	性别、年龄、教育、职业、收入、家庭情况、民族、社会阶层等
心理性格	生活方式、性格、价值观等
行为动机	价格低廉、实用性、使用频率、品牌忠诚、对广告服务的敏感度等

结合消费者对“阿克苏苹果”消费特征，根据以上细分变量，选取各细分变量下的具体因素，对“阿克苏苹果”细分市场进行以下划分，具体如表5-2所示。

表5-2 “阿克苏苹果”的市场细分

细分变量	主要影响因素	细分市场
地理环境	地域因素	1. 国内
		2. 国外
人口属性	年龄	1. 青年
		2. 中年
		3. 老年
	收入水平	1. 低收入
		2. 中等收入
		3. 高收入

续表

细分变量	主要影响因素	细分市场
心理性格	价值观	1. 传统型消费
		2. 进取型消费
行为动机	价格利益	1. 经济实用型
		2. 便捷效率型
		3. 品牌口碑型

（2）目标市场选择。结合对100位消费者的访谈调查，消费者对“阿克苏苹果”购买过程中较为关注的因素进行了多项选择的调查，结果如图5－2所示，本次调查共涉及了5个选项，分别是产品品质、产品价格、产品品牌、促销方式以及购买便利性。从调查结果来看，本次调查的消费者对五个方面的关注点基本一致，关注度最高的是促销，其次是产品品质。

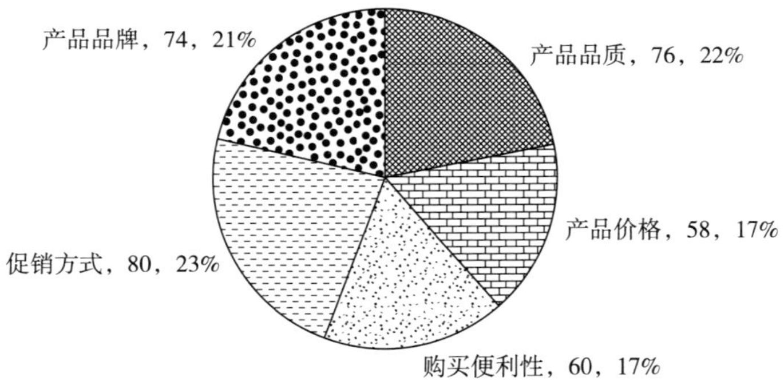

图5－2　消费者产品关注因素分布

结合“阿克苏苹果”在产品、价格、渠道、促销等方面的关注度调查，再结合本次调查的对象，笔者认为，可将“阿克苏苹果”品牌的消费者群体特征描述为“以青中年为主的品牌口碑型消费群体”。本次定位也存在些许不足之处，调查方式过于简单，关注的影响因素等也没有进行科学验证，且在调研的对象上也有一定的干扰性，但这种定位方法的演示作用对农产品区域品牌定位具有一定的借鉴作用。

5.3 “阿克苏苹果”区域品牌强化阶段

在农产品区域品牌的强化阶段，第一步是需要对在当前市场环节下的消费者行为进行充分的了解，之后结合消费的消费现状对相应的不足进行对策的制定。常见的不足之处表现为：品牌知名度不高、品牌价值不高、品牌传播度不足等，产生这些情况的原因大都是品牌构建过程中的第二阶段品牌定位不明、模糊。因此在这一阶段中，解决这些问题的主要方式就是重新进行品牌定位，结合品牌定位的方式，寻找解决问题的办法。所以，在这一阶段中，解决品牌强化问题的主要方式与在定位阶段进行的营销策略相似，只是两者的出发点不同，一个是在品牌构建之初对未来市场品牌需求的分析与规划，另一个是品牌运行过程中对现有品牌发展不足的解决。

在品牌定位阶段，进行品牌定位的分析是品牌尚未投放市场时进行的调研或对已经投放市场的品牌的重新定位；而在特色农产品区域品牌构建的强化阶段，是在品牌运行过程中的实时管理与把控，在此阶段中，消费者对特色农产品区域品牌的态度、对产品的品牌偏好以及对农产品区域品牌有非常重要的影响，因此有必要从消费者的品牌偏好入手，分析消费者对特色农产品区域品牌偏好的影响因素，从消费者的角度出发、从相对应的影响因素进行分析，针对性地提出特色农产品区域品牌的对策与建议非常重要。

在特色农产品区域品牌的强化阶段，本小节结合“阿克苏苹果”品牌的发展实际现状，并通过当前消费者对“阿克苏苹果”品牌的品牌偏好进行实证分析。分析影响消费者“阿克苏苹果”区域品牌偏好的主要因素，从实践出发，探索影响消费者农产品区域品牌偏好的主要因素，增强消费者的品牌偏好程度，进一步增强消费者选择购买产品的意愿，为提升特色农产品区域品牌价值提出策略，解决问题思路的借鉴，提供科学的理论依据。

5.3.1 “阿克苏苹果”区域品牌的品牌偏好量表开发

笔者从当前已发表的文献研究梳理中发现，品牌偏好的相关研究并不是太多，关于农产品品牌偏好的研究则更少，缺乏较为成熟的品牌偏好度测量的量表为本书提供参考和借鉴，因此本次对于“阿克苏苹果”区域品牌的品牌偏好情况的调查，需要笔者自行进行“阿克苏苹果”品牌的品牌偏好度测量的量表开发。

截至2020年3月，能够查阅到的相关文献数量为556篇。图5-3为近年来品牌偏好的文章发表数量分布，从其发表数量的趋势来看，品牌偏好在近20年来为学者们所关注。其中国内较早关注到品牌偏好的学者许强（1996）通过对企业如何培养消费者的品牌偏好进行研究，从定性的角度对企业如何培养消费的品牌偏好进行了分析，并提出了与品牌偏好相关的主要因素，提出了品牌信任、感知质量、品牌形象等重要因素。张大亮、邢以群（2000）提出了品牌偏好指数的品牌管理研究方法具体测量品牌偏好度，认为品牌偏好指数=品牌偏好度/品牌认知度，但文中仅简单地说明了对于品牌偏好度与品牌认知度的计算是通过调查而来的，却没有具体介绍如何进行品牌偏好度与品牌认知度的计算方法。朱凌、王盛、陆雄文（2003）在对中国城市消费者的中外品牌的品牌偏好研究中，结合9座城市的市场调查结果，展示了品牌偏好会“因产品类型的不同而发生变化，年龄、个人收入、文化程度和地域对消费者的中外品牌偏好都有显著影响”。丁勇、肖金川、朱俊红（2017）在对社会化媒体的品牌偏好研究中，从顾客感知价值的视角进行了验证，得出“顾客感知社交价值、质量价值、服务价值、形象价值和利他价值正向影响品牌偏好的形成，而经济价值对品牌偏好的影响并不显著；社会化媒体信息质量在不同的感知价值与品牌偏好之间起着不同程度的调节作用”。马乾（2018）在对兰州市民的汽车品牌偏好的调查中发现，消费者的性别、年龄、职业、学历不同，在

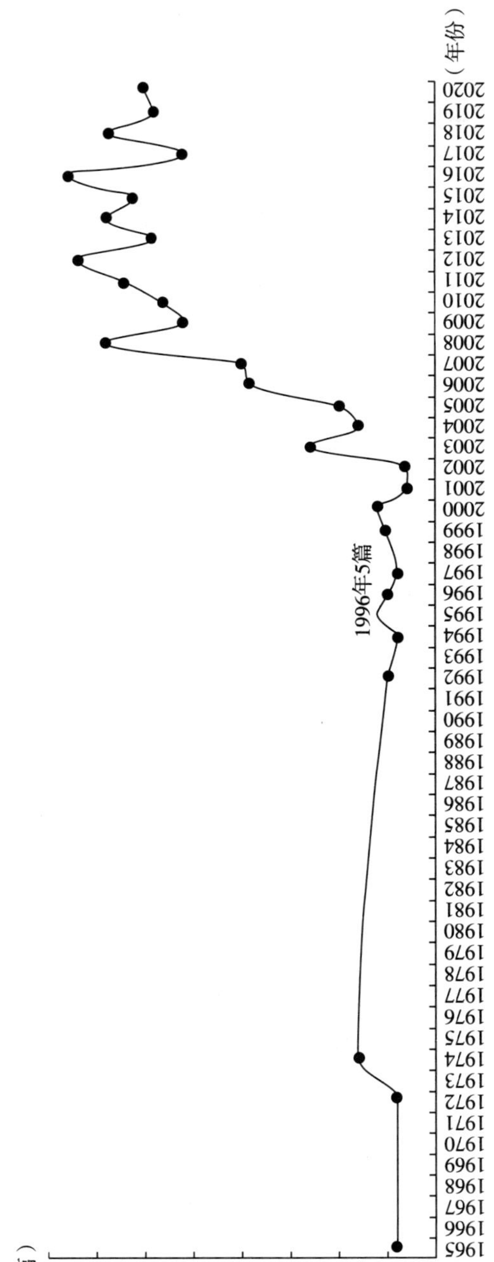

图 5－3　“品牌偏好”文章发表数量

品牌偏好上也存在明显的不同。赵芳仪（2019）通过对大学生的品牌偏好的研究发现，性价比和售后服务质量等软因素对大学生挑选手机的影响不大，其研究结果表明，性能和产品外观更能吸引消费者。陈香、郭锐、Cheng Lu Wang、汪涛、周南（2019）验证了品牌故事人设健全性对消费者品牌偏好的影响，验证了自我效能在消费者品牌偏好中有重要的中介作用，品牌故事的真实性感知程度有良好的调节作用。

在品牌偏好的相关文献梳理中，给予了作者在构建农产品区域品牌品牌偏好量表维度选择的思路。首先从现有的品牌偏好的研究中，学者们选择进行检验品牌偏好的影响因素主要分为两大方面，一方面是消费者自身的影响，另一方面来自于产品本身。在消费自身影响因素方面，主要有：年龄、性别、受教育程度、职业、收入、文化、地域、情绪、信任等因素。在产品方面的因素主要有：产品的价格、品质、颜色、外观、广告、促销、品牌等因素。因此，本书结合相关的文献，通过专家意见法，进一步确定影响因子的检验范围，最后形成了表 5 – 3 中产品方面的 10 个测度指标：产品的外观、产品的口感、产品的营养价值、“冰糖心”、品牌知名度、产地、附加价值、价格、广告、购买便利性。消费自生的影响因素主要有：性别、年龄、受教育程度、收入、职业、月收入。

在对消费者品牌偏好性调查过程中，为了能够使开发的量表所表现的内容更加的聚焦，本书先进行了探索性因子分析，得出了主要的影响因子，最后再通过 Logistic 多元回归模型进行回归，确定了消费者品牌偏好的影响因素。

在“阿克苏苹果”品牌的消费调查中，消费者的偏好会对其消费行为产生影响。问卷选取“阿克苏苹果”区域品牌为研究对象，并结合上述 10 个维度进行题目设置，对消费者的品牌偏好进行测度，确定维度对品牌偏好的影响程度。问卷采用 5 维度的李克特量表。

表 5-3　消费者对“阿克苏苹果”的品牌偏好

问题设计	很不重要	不太重要	一般	比较重要	非常重要
“阿克苏苹果”的外观	1	2	3	4	5
“阿克苏苹果”的口感	1	2	3	4	5
“阿克苏苹果”的营养价值	1	2	3	4	5
“阿克苏苹果”的冰糖心	1	2	3	4	5
“阿克苏苹果”的知名品牌	1	2	3	4	5
“阿克苏苹果”的产地	1	2	3	4	5
“阿克苏苹果”的附加价值	1	2	3	4	5
“阿克苏苹果”的价格	1	2	3	4	5
“阿克苏苹果”的广告	1	2	3	4	5
“阿克苏苹果”购买便利	1	2	3	4	5

5.3.2　“阿克苏苹果”区域品牌偏好因子分析

（1）问卷的预调研。为了能够更好地反映问卷所设置的量表的可靠性，在正式发放问卷之前笔者先进行了预调研来进行问卷的信度检验。信度检验又叫可靠性检验，是对问卷的可信程度的检验，它主要表现出检验结果的一致性、再现性、一贯性和稳定性。如发现问题，则要结合问题及时对问卷相关问题进行调整。

目前对于信度的检查还没有统一的标准，但根据多数学者的观点，任何测验或量表的信度系数如果在 0.9 以上，则表示该测验或量表的信度甚佳；信度系数在 0.8 以上都是可接受的；如果在 0.7 以上，则表示该量表需进行较大修订，但仍不失其价值；如果低于 0.7，表示问卷的测量效果非常差。本次问卷预调研通过网络发放问卷的形式针对疆内的消费者进行，共发放和回收问卷 148 份。

（2）问卷的信度分析。通过 SPSS23.0 软件对问卷进行信度检验，检验问卷的可靠性，检验结果如表 5-4 至表 5-6 所示。本次样本总数为 148 个，有效数据 148 个，量表整体的信度系数 Cronbach's α 为 0.821，各项指标的 Cronbach's α if Item Deleted 值均小于 0.821，Corrected Item – Total Correlation 系数均大于 0.4，证明量表的可靠性较好，问卷的信度较高，无须进行问卷修改，可以进行运用和调查。

表 5－4 Case Processing Summary

		N	%
Cases	Valid	148	100.0
	Excluded[a]	0	0.0
	Total	148	100.0

注：a. Listwise deletion based on all variables in the procedure.

表 5－5 Reliability Statistics

Cronbach's α	N of Items
0.821	10

表 5－6 Item – Total Statistics

	Scale Mean if Item Deleted	Scale Variance if Item Deleted	Corrected Item – Total Correlation	Cronbach's α if Item Deleted
X_1 "阿克苏苹果"的外观	36.36	20.014	0.501	0.805
X_2 "阿克苏苹果"的口感	35.82	20.404	0.430	0.812
X_3 "阿克苏苹果"的营养价值	36.39	19.750	0.517	0.803
X_4 "阿克苏苹果"的冰糖心	36.08	20.265	0.501	0.805
X_5 "阿克苏苹果"的知名品牌	36.54	18.835	0.539	0.802
X_6 "阿克苏苹果"的产地	36.30	19.370	0.562	0.798
X_7 "阿克苏苹果"的附加价值	35.89	20.206	0.574	0.799
X_8 "阿克苏苹果"的价格	36.39	20.430	0.479	0.807
X_9 "阿克苏苹果"的广告	36.93	19.824	0.434	0.814
X_{10} "阿克苏苹果"购买便利	36.27	20.226	0.540	0.802

（3）品牌偏好因子分析。本次问卷调查利用网络的便利性以及有效的传递模式，通过网络问卷的方式进行发放，面向全国的消费者随机发放。本次问卷正式发放和回收问卷数量805份，由于问卷样本数量增加，需要再次对问卷进行信度分析，证明问卷的有效性，并对问卷进行效度分析，如表5－7至表5－9所示。本次样本数量805个，有效样本数量805个，问卷的整体信度系数Cronbach's α为0.863，说明问卷的整体信度较好，问卷整体的可靠度较高。从各题项的系数和Corrected Item－Total Correlation系数来看，各题项的Cronbach's α if Item Deleted值都小于0.863，Corrected Item－Total Correlation值大于0.4，证明各题项的可靠性也较高，问卷反映的整体效果较好。

表5－7 Case Processing Summary

		N	%
Cases	Valid	805	100.0
	Excluded[a]	0	0.0
	Total	805	100.0

注：a. Listwise deletion based on all variables in the procedure.

表5－8 Reliability Statistics

Cronbach's α	N of Items
0.863	10

表5－9 Item－Total Statistics

	Scale Mean if Item Deleted	Scale Variance if Item Deleted	Corrected Item－Total Correlation	Cronbach's α if Item Deleted
X_1“阿克苏苹果”的外观	35.69	28.528	0.533	0.853
X_2“阿克苏苹果”的口感	35.10	28.814	0.539	0.853
X_3“阿克苏苹果”的营养价值	35.64	27.682	0.612	0.847

续表

	Scale Mean if Item Deleted	Scale Variance if Item Deleted	Corrected Item - Total Correlation	Cronbach's α if Item Deleted
X_4 "阿克苏苹果"的冰糖心	35.40	27.424	0.626	0.846
X_5 "阿克苏苹果"的知名品牌	35.78	26.604	0.635	0.845
X_6 "阿克苏苹果"的产地	35.62	26.941	0.637	0.845
X_7 "阿克苏苹果"的附加价值	35.20	28.088	0.635	0.846
X_8 "阿克苏苹果"的价格	35.61	28.563	0.533	0.853
X_9 "阿克苏苹果"的广告	36.36	27.792	0.467	0.861
X_{10} "阿克苏苹果"购买便利	35.62	27.990	0.557	0.852

效度也称为有效性，它是指用测量工具或手段能够准确测出所需测量的事物的程度。常见的也是被学者们较为认可的测量效度的工具是因子分析，即KMO值检验和Bartlett球形检验，而KMO值检验和Bartlett球形检验是因子分析的必要步骤，KMO值越接近1，意味着变量间的相关性越强，原有变量越适合进行因子分析。常用的KMO值的度量标准，0.9以上表示非常适合进行因子分析；0.8以上表示适合；0.7以上表示一般；0.6以上表示不太适合；0.5以下表示极不适合。因此，直接进行因子分析，同时也能够进行测量效度的检验。在因子分析过程中，首先对数据进行标注化数据，后采用主成分分析方法进行数据的降维处理，表5-10是问卷的KMO检验和Bartlett球形的检验结果。

表5-10　KMO and Bartlett's Test

Kaiser - Meyer - Olkin Measure of Sampling Adequacy		0.875
Bartlett's Test of Sphericity	Approx. Chi - Square	2994.349
	df	45
	Sig.	0.000

由上表分析结果可知，KMO 值为 0.875，证明变量间的相关性较好，适合进行因子分析；且 Bartlett 球形检验的近似卡方为 2994.349，且 Sig. 为 0.000，表明因子分析通过了适用性检验，可以进行因子分析。

从表 5－11 可以看出，各变量的提取公因子的提取度，除“8”和“10”的公因子提取度为 0.402 和 0.419 以外，其余各变量的公因子提取率都在 0.5 以上，可以“8”和“10”两项提高各指标的因子贡献率，但考虑到本次问卷的 KMO 值为 0.875，且 Bartlett 球形检验的近似卡方为 2994.349，且 Sig. 为 0.000，也可不必进行调整。

表 5－11 Communalities

	Initial	Extraction
1.“阿克苏苹果”的外观（大小或颜色）	1.000	0.524
2.“阿克苏苹果”的口感（酸、甜、脆）	1.000	0.752
3.“阿克苏苹果”的营养价值丰富	1.000	0.515
4.“河克苏苹果”的冰糖心	1.000	0.524
5.“阿克苏苹果”的知名品牌	1.000	0.710
6.“阿克苏苹果”的产地	1.000	0.628
7.“阿克苏苹果”的附加价值	1.000	0.577
8.“阿克苏苹果”的价格优异	1.000	0.402
9.“阿克苏苹果”的广告宣传	1.000	0.629
10.“阿克苏苹果”的购买便利	1.000	0.419

注：提取方法为主成分分析法。

从表 5－12 及图 5－3 可以得出，本次因子分析共提取特征值大于 1 的因子 2 个，对方差的贡献率分别为 48.442%、14.056%，旋转后对方差贡献率分别为 333.494%、29.004%，对总方差的累计贡献率为 62.498%。

表 5 – 12　Total Variance Explained

Component	Initial Eigenvalues			Extraction Sums of Squared Loadings			Rotation Sums of Squared Loadings		
	Total	% of Variance	Cumulative %	Total	% of Variance	Cumulative %	Total	% of Variance	Cumulative %
1	3.875	48.442	48.442	3.875	48.442	48.442	2.679	33.494	33.494
2	1.124	14.056	62.498	1.124	14.056	62.498	2.320	29.004	62.498
3	0.738	9.229	71.727						
4	0.621	7.765	79.492						
5	0.509	6.364	85.856						
6	0.444	5.556	91.412						
7	0.389	4.857	96.269						
8	0.299	3.731	100.000						

注：提取方法为主成分分析法。

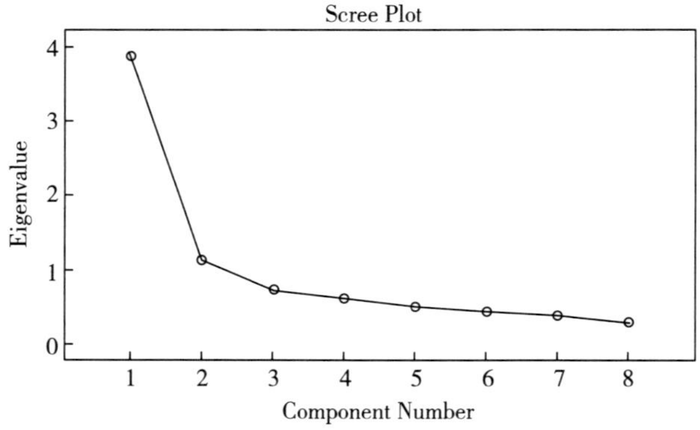

图 5 – 4　碎石图

表 5 – 13 为因子分析下的成分矩阵，表 5 – 14 为因子分析下的旋转成分矩阵，共提取两个公因子，第一个公因子主要由外观、口感这两个变量进行解释；第二个公因子主要由营养价值、冰糖心、知名品牌、产地和附加价值、价格、广告和购买便利这八个变量进行解释。结合变量之间的逻辑关系，分别对

两个公因子进行命名，将第一个因子命名为“阿克苏苹果”品牌偏好的品牌感知质量因素；第二个公因子命名为“阿克苏苹果”品牌偏好的品牌感知价值因素。

表5－13 Component Matrixa

	Component	
	1	2
Zscore：1“阿克苏苹果”的外观（大小或颜色）	0.634	－0.349
Zscore：2“阿克苏苹果”的口感（酸、甜、脆）	0.654	－0.570
Zscore：3“阿克苏苹果”的营养价值丰富	0.710	－0.104
Zscore：4“阿克苏苹果”的冰糖心	0.723	
Zscore：5“阿克苏苹果”的知名品牌	0.716	0.444
Zscore：6“阿克苏苹果”的产地	0.726	0.317
Zscore：7“阿克苏苹果”的附加价值	0.734	－0.197
Zscore：8“阿克苏苹果”的价格优异	0.628	
Zscore：9“阿克苏苹果”的广告宣传	0.552	0.569
Zscore：10“阿克苏苹果”的购买便利	0.645	

注：提取方法为主成分分析法。

表5－14 Rotated Component Matrix

	Component	
	1	2
Zscore：1“阿克苏苹果”的外观（大小或颜色）	0.708	
Zscore：2“阿克苏苹果”的口感（酸、甜、脆）	0.867	
Zscore：3“阿克苏苹果”的营养价值丰富		0.384
Zscore：4“阿克苏苹果”的冰糖心		0.443
Zscore：5“阿克苏苹果”的知名品牌		0.803
Zscore：6“阿克苏苹果”的产地		0.713
Zscore：7“阿克苏苹果”的附加价值		0.329
Zscore：8“阿克苏苹果”的价格优异		0.344
Zscore：9“阿克苏苹果”的广告宣传		0.791
Zscore：10“阿克苏苹果”的购买便利		0.457

注：提取方法为主成分分析法。

表 5-15 Component Score Coefficient Matrix

	Component	
	1	2
Zscore：1 “阿克苏苹果” 的外观（大小或颜色）	0.307	-0.144
Zscore：2 “阿克苏苹果” 的口感（酸、甜、脆）	0.438	-0.289
Zscore：3 “阿克苏苹果” 的营养价值丰富	0.178	0.032
Zscore：4 “阿克苏苹果” 的冰糖心	0.142	0.078
Zscore：5 “阿克苏苹果” 的知名品牌	-0.137	0.401
Zscore：6 “阿克苏苹果” 的产地	-0.062	0.317
Zscore：7 “阿克苏苹果” 的附加价值	0.236	-0.027
Zscore：8 “阿克苏苹果” 的价格优异	0.155	0.032
Zscore：9 “阿克苏苹果” 的广告宣传	-0.236	0.461
Zscore：10 “阿克苏苹果” 的购买便利	0.080	0.125

注：提取方法为主成分分析法。

表 5-15 为因子分析的得分系数矩阵，结合因子得分系数，各公因子的得分表达式如下：

$$F_1 = 0.307X_1 + 0.438X_2 + 0.178X_3 + 0.142X_4 - 0.137X_5 - 0.062X_6 + 0.236X_7 + 0.155X_8 - 0.236X_9 + 0.080X_{10}$$

$$F_2 = -0.144X_1 - 0.289X_2 + 0.032X_3 + 0.078X_4 + 0.401X_5 + 0.317X_6 - 0.027X_7 + 0.032X_8 + 0.461X_9 + 0.125X_{10}$$

5.3.3 “阿克苏苹果”区域品牌偏好 Logistic 回归分析

根据上述因子分析的结果，并结合大量有关品牌偏好影响性的研究结论，本书在前人研究的基础上，结合专家的建议，拟定以下“阿克苏苹果”品牌偏好的影响因素：性别、年龄、受教育程度、职业、收入水平、地域、品牌感知质量因素、品牌感知价值因素。并通过 Logistic 回归模型，对以上影响“阿克苏苹果”品牌偏好的因素进行回归分析。

为了能够获得较为准确的结果，本次 Logistic 回归分析采用向前步进（似然比）的方法，对各变量结果的影响进行验证。表5－16为本次Logistic回归分析的二元结构分类总体情况表。本次分析的结果变量分为两个：不喜欢与喜欢，样本数分别为187和618。

表5－16　Classification Table

	Observed		Predicted		
			您是否喜欢“阿克苏苹果”		Percentage Correct
			不喜欢	喜欢	
Step 0	您是否喜欢“阿克苏苹果”	不喜欢	0	187	0.0
		喜欢	0	618	100.0
	Overall Percentage				76.8

表5－17为Logistic回归分析的该模型中方程中涉及的变量值，其中Sig.的值为0.000，证明模型对方程的中间变量的回归情况较好。

表5－17　Variables in the Equation

		B	S.E.	Wald	df	Sig.	Exp（B）
Step 0	Constant	1.195	0.083	205.138	1	0.000	3.305

表5－18为模型系数的整体检验结果，表5－19为本次向前步进（似然比）方法下方程中保留的变量，表5－20为未包括方程中的变量。可以发现，本次Logistic回归分析的结果共保留了Q2年龄、Q3受教育程度、Q6地区、FAC1－1品牌感知质量四个因素，Q1性别、Q4职业、Q5收入、FAC2－1品牌感知价值四个变量被删除在回归方程之外。

表 5－18 Omnibus Tests of Model Coefficients

		Chi－square	df	Sig.
Step 1	Step	90. 698	1	0. 000
	Block	90. 698	1	0. 000
	Model	90. 698	1	0. 000
Step 2	Step	34. 812	1	0. 000
	Block	125. 510	2	0. 000
	Model	125. 510	2	0. 000
Step 3	Step	13. 204	1	0. 000
	Block	138. 714	3	0. 000
	Model	138. 714	3	0. 000
Step 4	Step	7. 588	1	0. 006
	Block	146. 302	4	0. 000
	Model	146. 302	4	0. 000

表 5－19 Variables in the Equation

		B	S. E.	Wald	df	Sig.	Exp（B）	95% C. I. for EXP（B）	
								Lower	Upper
Step 1	Q6	0. 076	0. 008	87. 331	1	0. 000	1. 079	1. 062	1. 096
	Constant	－0. 499	0. 191	6. 808	1	0. 009	0. 607		
Step 2	Q3	0. 700	0. 124	32. 005	1	0. 000	2. 013	1. 580	2. 565
	Q6	0. 079	0. 008	86. 481	1	0. 000	1. 082	1. 064	1. 100
	Constant	－2. 702	0. 440	37. 734	1	0. 000	0. 067		
Step 3	Q3	0. 639	0. 125	26. 077	1	0. 000	1. 895	1. 483	2. 423
	Q6	0. 079	0. 009	84. 714	1	0. 000	1. 082	1. 064	1. 100
	FAC1_ 1	0. 314	0. 086	13. 216	1	0. 000	1. 369	1. 156	1. 622
	Constant	－2. 489	0. 447	30. 982	1	0. 000	0. 083		
Step 4	Q2	0. 193	0. 071	7. 276	1	0. 007	1. 212	1. 054	1. 394
	Q3	0. 713	0. 135	27. 685	1	0. 000	2. 040	1. 564	2. 660
	Q6	0. 074	0. 009	71. 995	1	0. 000	1. 077	1. 059	1. 096
	FAC1_ 1	0. 323	0. 088	13. 632	1	0. 000	1. 381	1. 164	1. 640
	Constant	－3. 191	0. 538	35. 115	1	0. 000	0. 041		

表 5-20 Variables not in the Equation

			Score	df	Sig.
Step 1	Variables	Q1	2.112	1	0.146
		Q2	4.284	1	0.038
		Q3	34.038	1	0.000
		Q4	8.464	1	0.004
		Q5	15.649	1	0.000
		FAC1_ 1	21.169	1	0.000
		FAC2_ 1	0.585	1	0.444
	Overall Statistics		59.285	7	0.000
Step 2	Variables	Q1	2.636	1	0.104
		Q2	6.950	1	0.008
		Q4	0.656	1	0.418
		Q5	6.633	1	0.010
		FAC1_ 1	13.729	1	0.000
		FAC2_ 1	1.725	1	0.189
	Overall Statistics		27.991	6	0.000
Step 3	Variables	Q1	1.569	1	0.210
		Q2	7.386	1	0.007
		Q4	0.932	1	0.334
		Q5	6.726	1	0.010
		FAC2_ 1	1.265	1	0.261
	Overall Statistics		14.436	5	0.013
Step 4	Variables	Q1	1.471	1	0.225
		Q4	2.452	1	0.117
		Q5	1.273	1	0.259
		FAC2_ 1	0.528	1	0.468
	Overall Statistics		7.392	4	0.117

5.3.4 研究结论

从本次调查的结果来看，对“阿克苏苹果”品牌偏好的影响较高的因素有：Q2 年龄、Q3 受教育程度、Q6 地区、FAC1 -1 品牌感知质量。而 Q1 性别、Q4 职业、Q5 收入、FAC2 -1 品牌感知价值四个变量对品牌偏好的影响程度不高。

从影响因素的系数来看，四个影响因素的系数都为正数，且 Sig. 均为 0.000，证明四个影响因素与品牌偏好都呈正相关关系，即不同年龄的消费者对“阿克苏苹果”品牌偏好有显著差异，且随着年龄层次的增加，对“阿克苏苹果”的品牌偏好也增加，这可能与消费者长时间食用“阿克苏苹果”有关，故应该长期关注品牌的经营与建设，不断提高品牌价值，增强品牌偏好度。

受教育程度与“阿克苏苹果”品牌偏好也呈显著的正相关关系，其原因可能是随着消费者受教育程度的增加，他们对产品品牌的关注也在逐步增加。因此应该注重消费者品牌观念的培养，培养消费者对品牌的认识，加深品牌在消费者心中的重要性，从而促进品牌偏好的增强。

地区因素主要是由疆内的消费者对本地的“阿克苏苹果”更加认可而导致，疆内的消费者相对于疆外的消费者而言，具有更高的“阿克苏苹果”品牌偏好，从这一方面来看，本地消费者相对于外地消费者对于产品品牌的认知程度可能更深，因此，应注重加大对疆外品牌的宣传力度，加深品牌的推广，提高品牌知名度，从而获取更多的疆外消费者的认可。

而消费者感知质量对消费者的“阿克苏苹果”品牌偏好也呈显著的正相关关系，即消费者感知到产品的质量越好，对品牌的偏好度就越高，这与众多学者研究的结论一致。因此，在区域品牌的构建与经营过程中，更应该注重产品质量，产品质量是品牌创建的基础、是品牌发展的基石，注重产品的质量是品牌价值不断提升的根本。

相对于被删除的四个变量，得到的结论是：性别、职业、收入水平对“阿克苏苹果”的品牌偏好没有影响；感知价值对消费者的“阿克苏苹果”的品牌偏好也没有影响，这个结果与众多关于消费者研究的结论不同。从理论上而言，感知价值越大，消费者对产品的品牌偏好应该越强，但此次结果却显示没有影响，结合前期的调查访谈可以得出，产生这种结果的原因可能是“阿克苏苹果”品牌的运营与传播效果极差，导致喜爱和不喜爱该品牌的消费者对“阿克苏苹果”品牌的感觉一致，这也更加证明了当前“阿克苏苹果”区域品牌的运营传播存在问题，因此应注重消费者的感知价值，从而更好地提高消费的品牌偏好，不断提高消费者的满意度，获得更高的消费者忠诚度。

5.4　“阿克苏苹果”区域品牌维护阶段

在“阿克苏苹果”区域品牌维护的实证研究方面，第4章已经从定性的角度对政府、行业协会、企业进行了较为详细的分析与建议，而本章将从维护消费者对“阿克苏苹果”品牌忠诚的视角来进行研究，分析“阿克苏苹果”品牌忠诚的影响因素，并结合消费者品牌忠诚的影响因素，启发品牌管理者从维护和提高品牌忠诚度的视角来进行品牌管理。

研究品牌忠诚度影响因素的角度有很多，本节在已有研究的基础上，结合品牌忠诚的相关研究与理论，提出了新的视角，并对区域品牌忠诚度影响因素的理论模型进行探索，运用SEM结构方程，对模型的相关假设进行检验，并结合实际对相应的结论进行详细的解读。

5.4.1　“阿克苏苹果”品牌忠诚度SEM模型构建及研究假设

笔者根据消费者品牌忠诚的相关理论，结合已有的关于消费者品牌忠诚的研究，综合广泛的意见，选取了品牌形象、品牌感知质量、品牌感知价值、品牌认同、品牌忠诚、品牌信任六个维度，构建“阿克苏苹果”区域品牌的品牌忠诚度模型，运用SEM结构方程对提出的探索模型进行检验和修正，得出各维度间的相互关系，并检验模型有效性，初步模型构建如图5-5所示。

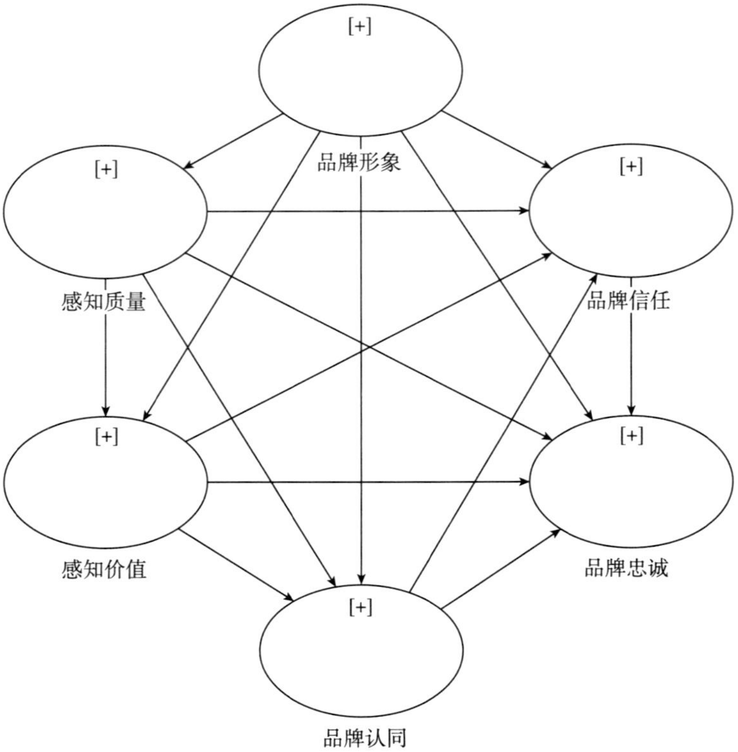

图5－5　消费者品牌忠诚模型

（1）“阿克苏苹果”区域品牌形象维度对消费者感知质量、感知价值、品牌认同、品牌忠诚、品牌信任的影响。李娜（2012）通过实证分析得出，品牌形象对感知质量有显著影响，当品牌形象越高（低）时，消费者的感知质量相应地越高（低）。郑文清、胡国珠、李玮玮（2018）通过对公众气象服务品牌形象、感知质量对公众满意度影响的研究，得出品牌形象对感知质量有显著的正向作用。

于龙（2017）在对绿色农产品的品牌形象与消费者购买意愿的研究过程中得出，绿色农产品品牌形象中的“农企整体形象、农产品整体形象、农企社会现象和社会服务形象对感知价值和购买意愿的影响都显著”。赵恩北

（2019）对零售品牌形象、感知价值与消费者惠顾行为关系进行了探讨，发现零售品牌形象对消费者惠顾行为具有显著正向影响，品牌形象中的品质形象与商品展示形象均能正向影响消费者感知价值。

辛璐琦、王兴元（2016）以品牌认同为中介，对旅游目的地品牌形象识别要素对游客行为的影响进行研究，得出旅游目的地品牌形象对品牌认同产生正向影响的结论。王洁、张晓霞（2018）研究了便利店品牌形象对消费者购买意愿的影响，得出便利店品牌形象对品牌认同有正向的影响作用的结论。张浩（2018）以摩拜单车为研究对象，得出品牌形象与顾客认同呈正相关关系的结论。

凌伽（2018）对生态农产品品牌形象对品牌信任的影响进行研究，发现品牌形象中的原产地形象对品牌信任中的品牌能力信任和品牌正直性信任有正向的影响。邹婷婷（2018）研究了农产品区域品牌形象和企业有机品牌形象对有机品牌信任的影响，得出有机品牌整体形象对农产品区域品牌形象与有机品牌信任具有完全中介作用。张淑珺（2019）研究了电商环境下原产地形象与特色农产品品牌信任的关系，得出原产地形象及感知价值对品牌信任有正向影响作用，且感知价值发挥部分中介作用。

单宇（2017）以快递行业为例，对品牌形象与顾客满意、顾客忠诚的关系进行了研究，得出品牌形象对顾客满意有正向影响，顾客满意正向影响顾客忠诚，品牌形象与顾客忠诚有正向作用，且顾客满意在品牌形象与顾客忠诚中起中介作用。邵伟（2018）在研究原产地形象对品牌忠诚的影响作用中，发现原产地形象对品牌态度、品牌忠诚都呈正向的影响作用，品牌态度对品牌忠诚呈正向影响。魏琦茜（2019）以智能手机为研究对象，研究了品牌形象对品牌忠诚的作用机制，发现品牌形象对品牌忠诚是通过消费者满意度的中介作用来产生影响的，品牌形象与顾客满意度和品牌忠诚都呈显著的正向关系。

本书集合了众多学者的观点，在品牌忠诚度模型中对品牌形象与消费者感知质量、感知价值、品牌认同、品牌信任、品牌忠诚五个维度进行检验，得到如下假设：

H1："阿克苏苹果"区域品牌形象对消费者感知质量起正向影响作用。

H2："阿克苏苹果"区域品牌形象对消费者感知价值起正向影响作用。

H3："阿克苏苹果"区域品牌形象对消费者品牌认同起正向影响作用。

H4："阿克苏苹果"区域品牌形象对消费者品牌信任起正向影响作用。

H5："阿克苏苹果"区域品牌形象对消费者品牌忠诚起正向影响作用。

（2）消费者感知质量对感知价值、品牌认同、品牌信任、品牌忠诚的影响的研究。宋晓迪（2015）在对零售商自由品牌购买意愿的研究中，将感知质量划分为四个维度：感知产品质量、服务过程质量、服务环境质量、服务结果质量，分别与感知价值之间的关系进行了验证，结果都是正向影响作用。李子健、朱战国（2017）通过中国国内消费者的食品偏好数据探讨了消费者对本地食品的购买意愿，得出本地感知质量显著正向影响感知价值的结论。

孔靓、李锡元、王艳娇（2017）对 MBA 品牌感知质量对职业经理人角色认同的影响进行研究，发现"MBA 品牌感知质量对职业经理人的角色认同有显著正向影响，自我效能感在 MBA 品牌感知质量与职业经理人角色认同中起部分中介的作用，内在价值正向调节自我效能感与职业经理人角色认同呈正相关关系，外在报酬负向调节自我效能感与职业经理人角色认同呈正相关关系"。

侯淑霞、陈佳琪（2019）经过研究发现，产品的功能价值对品牌忠诚度、品牌信任均有正向的显著影响作用。杨洋（2019）在对大型综合超市自有品牌感知价值对消费者购买意愿影响研究中发现，"大型综合超市自有品牌感知价值各维度与品牌信任和消费者购买意愿呈显著正相关关系"。袁胜军、胡甲滨、韩一朋（2020）通过对不同产业集群品牌的实证研究发现，"品牌感知因素在品牌认知与品牌信任之间起到中介作用"。

赵毅（2012）从品牌权益的视角出发对民航业旅客服务质量感知与品牌忠诚相关性进行了研究，发现感知质量与品牌忠诚具有正向相关性。云靖（2012）在对汽车品牌的感知质量对顾客忠诚的影响研究中发现，感知质量的不同维度——有形性、可靠性、响应性、保证性、移情性与顾客忠诚有显著的正相关关系。薛永基、孙宇彤（2016）在对北京市游客自然游憩旅游行业的研究中发现，感知质量对品牌忠诚有正向影响作用。

由此本书得到如下假设：

H6：消费者感知质量对感知价值起正向影响作用。

H7：消费者感知质量对品牌认同起正向影响作用。

H8：消费者感知质量对品牌信任起正向影响作用。

H9：消费者感知质量对品牌忠诚起正向影响作用。

（3）感知价值对品牌认同、品牌信任、品牌忠诚的影响的研究。张亚玲（2017）对不同媒体下的感知价值对品牌认同影响进行实证研究，发现感知价值对品牌认同有显著正向影响作用。陈东（2014）以不同广告诉求方式为视角，探讨了消费者品牌感知价值与品牌认同的关系，发现消费者品牌感知价值对品牌认同有显著的正向影响。

李莉（2015）在对农产品品牌研究中发现，消费者对农产品的感知价值有利于增强消费者对农产品品牌的认可度，有利于形成品牌信任。李桂华、杨萍、郑帅（2019）通过研究发现，“品牌信任在要素品牌感知价值与终端消费者重购意向之间起部分中介作用”。邵景波、李泽昀、高子强（2019）在对奢侈品母品牌研究中发现，“奢侈品母品牌价值感知对延伸品购买意愿具有正向影响，顾客满意和品牌信任在奢侈品母品牌功能价值感知、财务价值感知、品牌关系价值感知与延伸品购买意愿之间起到部分链式中介作用，而顾客满意和品牌信任在奢侈品母品牌个人价值感知、社会价值感知与延伸品购买意愿之间起到完全链式中介作用”。

熊元斌、吕丹（2014）对旅游地品牌认同与旅游目的地品牌满意、信任和忠诚的关系进行了研究，发现“感知价值虽是驱动旅游者忠诚的重要因素，然而感知价值不一定必然促使旅游者忠诚的形成”。薛永基、胡煜晗、白雪珊（2017）通过研究自然游憩品牌发现，在游客满意度的中介作用下，感知价值对品牌忠诚具有正向影响。张澄（2019）通过对手机品牌的研究发现，“感知价值对用户忠诚度有着显著的直接促进作用，感知价值通过用户满意度间接影响用户忠诚度”。赵赟、李荣日（2019）在对职业网球赛事品牌的研究中发现“感知价值与信任在品牌形象对品牌忠诚影响中有部分中介作用，加强感知价值、信任的中介路径管理对影响效应的提升更为明显”。

由此本书得到如下假设：

H10：感知质量对“阿克苏苹果”区域品牌认同起正向影响作用。

H11：感知价值对“阿克苏苹果”区域品牌信任起正向影响作用。

H12：感知价值对“阿克苏苹果”区域品牌忠诚起正向影响作用。

（4）“阿克苏苹果”区域品牌认同对品牌信任、品牌忠诚的影响研究。谭蔓玲（2013）在对农户农资品牌忠诚的形成机制的研究中，验证了品牌社区认同对品牌社区信任起正向影响作用，对品牌忠诚也起正向的影响作用。

董敏（2012）“实证分析了品牌认同度、知名度与笔记本电脑品牌忠诚度关系，实证结果显示品牌认同度、知名度与笔记本电脑品牌忠诚度都存在着正相关关系”。李晓丹（2014）研究发现“品牌体验、品牌认同对品牌忠诚有直接显著的影响，二者也能通过品牌至爱的中介作用影响品牌忠诚，但品牌至爱的不同维度所发挥的中介作用存在一定的差异”。熊元斌、吕丹（2014）对旅游地品牌认同与旅游目的地品牌满意、信任和忠诚的关系进行了研究，得出“旅游地品牌认同、品牌信任和品牌满意都可以直接影响品牌忠诚，同时旅游地品牌认同也可以通过品牌满意和品牌信任这两个中介变量对品牌忠诚产生影响”。罗萧、蒋明华（2019）通过对“互联网+”背景下消费者购买行为进行研究发现，“内容营销与品牌认同呈正相关关系，品牌认同与消费者品牌忠诚呈正相关关系”。

由此本书得到如下假设：

H13：“阿克苏苹果”区域品牌认同对品牌信任起正向影响作用。

H14：“阿克苏苹果”区域品牌认同对品牌忠诚起正向影响作用。

（5）“阿克苏苹果”区域品牌信任对品牌忠诚的影响研究。谭蔓玲（2013）在对农户农资品牌忠诚的形成机制研究中，验证了农户农资的品牌信任对品牌忠诚起正向影响作用。李家乐（2016）在对酒店品牌的研究中发现，品牌信任中的品牌品质信任、品牌能力信任和品牌诚善信任对品牌态度忠诚、品牌行为忠诚均有显著正向影响。李惠璠、穆琳马（2016）从 SMM 的角度谈论了如何利用 SMM 提高消费者的品牌信任，从而提高品牌忠诚。赵赟、李荣日（2019）基于网球赛事的品牌形象与品牌忠诚的关系研究，验证了品牌信任对品牌忠诚起正向的影响作用的假设。由此本书得到如下假设：

H15：“阿克苏苹果”区域品牌信任对品牌忠诚起正向影响作用。

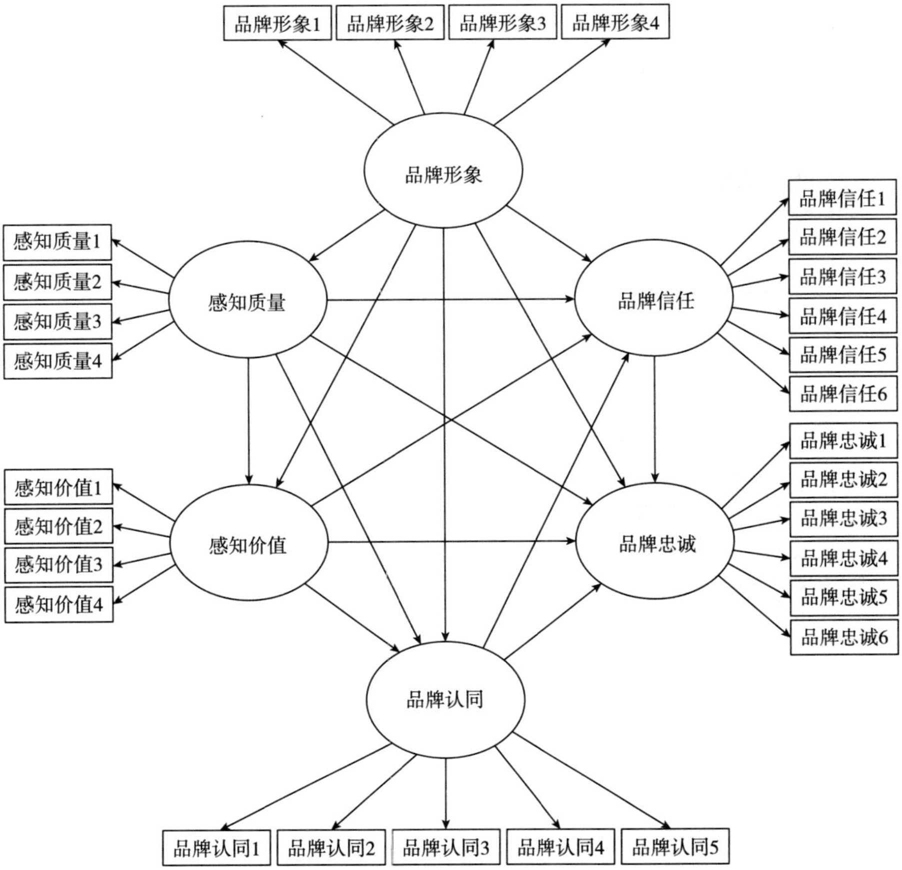

图 5－6　农产品区域品牌忠诚度影响因素 SEM 模型

本书农产品区域品牌忠诚度模型在上述理论模型的基础上，结合相关的理论与实证研究，模型中包括“阿克苏苹果”的品牌形象、消费者感知质量、消费者感知价值、“阿克苏苹果”品牌认同、“阿克苏苹果”品牌忠诚和“阿克苏苹果”品牌信任6个维度，共计29个测量指标，使用SmartPLS 3.0软件构建结构方程探索模型，如图5－6所示，椭圆形表示结构变量，也称潜变量（包括品牌形象、感知质量、感知价值、品牌认同、品牌忠诚、品牌信任）；矩形表示观测变量（如品牌形象1、品牌形象2、品牌形象3、品牌形象4）。

5.4.2 研究量表设计

测量量表编制是在对国内外相关文献分析整理的基础上，笔者初步筛选，再与“阿克苏苹果”协会管理者、协会成员、供应商、消费者等进行讨论完善，最终请相关专家给予建议与审核制定而成。

（1）品牌形象测量量表如表5－21所示。

表5－21 阿克苏苹果品牌形象测量量表

自变量	测量指标	指标简称
品牌形象	你对“阿克苏苹果”品牌标志记忆深刻	品牌形象1
	你觉得“阿克苏苹果”品牌的广告很好	品牌形象2
	你觉得“阿克苏苹果”品牌的原产地很好	品牌形象3
	你觉得“阿克苏苹果”品牌的设计很好	品牌形象4

（2）感知质量测量量表如表5－22所示。

表5－22 “阿克苏苹果”感知质量测量量表

自变量	测量指标	指标简称
感知质量	“阿克苏苹果”口感很好	感知质量1
	“阿克苏苹果”营养很丰富	感知质量2
	“阿克苏苹果”绿色安全	感知质量3
	“阿克苏苹果”很有地域特色	感知质量4

（3）感知测量量表如表5－23所示。

表5－23 “阿克苏苹果”品牌感知测量量表

自变量	测量指标	指标简称
感知价值	“阿克苏苹果”品牌让人信赖	感知价值1
	“阿克苏苹果”品牌知名度很高	感知价值2
	“阿克苏苹果”品牌的产品质量很好	感知价值3
	购买水果时你能很快识别“阿克苏苹果”品牌	感知价值4

（4）品牌认同测量量表如表5－24所示。

表5－24 “阿克苏苹果”品牌认同测量量表

自变量	测量指标	指标简称
品牌认同	你觉得“阿克苏苹果”价格很合理	品牌认同1
	你觉得“阿克苏苹果”适合自己的口味	品牌认同2
	你觉得“阿克苏苹果”的品质很好	品牌认同3
	你觉得“阿克苏苹果”的品牌内涵很好	品牌认同4
	你觉得购买“阿克苏苹果”的很开心	品牌认同5

（5）品牌信任测量量表如表5－25所示。

表5－25 “阿克苏苹果”品牌信任测量量表

自变量	测量指标	指标简称
品牌信任	“阿克苏苹果”品牌让你感到放心	品牌信任1
	“阿克苏苹果”品牌没有让你感到失望	品牌信任2
	“阿克苏苹果”品牌值得信赖	品牌信任3
	你认为只要是“阿克苏苹果”产品就会很好	品牌信任4
	你认为“阿克苏苹果”的未来会很好	品牌信任5
	你认为“阿克苏苹果”的质量会一直很好	品牌信任6

（6）品牌忠诚测量量表如表5-26所示。

表5-26 “阿克苏苹果”品牌忠诚测量量表

自变量	测量指标	指标简称
品牌忠诚	如果要购买苹果你会优先选择“阿克苏苹果”	品牌忠诚1
	你会持续地购买“阿克苏苹果”	品牌忠诚2
	如果“阿克苏苹果”暂时缺货，你愿意等待	品牌忠诚3
	你非常喜欢“阿克苏苹果”情有独钟	品牌忠诚4
	你会向亲朋好友推荐“阿克苏苹果”	品牌忠诚5
	你会告诉他人“阿克苏苹果”品牌值得信赖	品牌忠诚6

5.4.3 问卷设计与信效度检验

5.4.3.1 问卷主体设计

“阿克苏苹果”问卷调查量包括六个方面：消费者的感知质量、感知价值、品牌形象、品牌认同、品牌信任和品牌忠诚现状。问卷采用李克特5点量表，1代表完全不同意，2代表不同意，3代表一般，4代表同意，5代表完全同意。

5.4.3.2 预调查

通过预调查检验问卷量表设置的有效性与可靠性，如有问题，可对量表进一步修改。本次预调查通过网络的方式进行发放问卷，共发放问卷148份，回收148份，得到有效问卷148份，问卷有效回收率为100%。

预调查的目的主要是对问卷的量表进行信度和效度分析，通过Cronbach's α系数、Cronbach's α if Item Deleted值、Corrected Item - Total Correlation系数等来检验问卷的信度。通过的KMO检验、Bartlett球形检验，检验其维度划分的合理性。本书采用SPSS23.0软件对问卷进行信度和效度检验，对问卷的结构效度通过AMOS23.0来进行检验。目前对于信度的检查还没有统一的标准，但依据多数学者的观点，任何测验或量表的信度系数如果在0.9以上，则表示该测验或量表的信度甚佳；信度系数在0.8以上都是可接受的；如果在0.7以上，则表示该量表应进行较大修订，但仍不失其价值；如果低于 0.7，表示问卷的测量效果非常差。KMO 值越接近 1，意味着变量间的相关性越强，原有变量越适合进行因子分析。常用的 KMO 值的度量标准：0.9 以上表示非常适合进行因子分析；0.8 以上表示适合；0.7 以上表示一般；0.6 以上表示不太适合；0.5 以下表示极不适合。

（1）信度分析。如表 5 - 27 所示，本次预调研共分析样本 148 个，有效样本数 148 个，有效率 100%。

表 5 - 27　Case Processing Summary

		N	%
Cases	Valid	148	100.0
	Excluded	0	0.0
	Total	148	100.0

表 5 - 28 为本次预调研的可靠性统计表，统计表显示，Cronbach's α Based on Standardized Items 系数为 0.968，显示此次量表的整体信度效果极好，可以用于调查。表 5 - 29 为本次信度分析中样本统计量的整体情况。

表 5 - 28　Reliability Statistics

Cronbach's α	Cronbach's α Based on Standardized Items	N of Items
0.967	0.968	29

表 5 - 29　Summary Item Statistics

	Mean	Minimum	Maximum	Range	Maximum/Minimum	Variance	N of Items
Item Means	3.853	3.365	4.304	0.939	1.279	0.061	29
Item Variances	0.656	0.414	1.049	0.634	2.531	0.037	29
Inter - Item Covariances	0.328	0.111	0.758	0.647	6.828	0.010	29
Inter - Item Correlations	0.511	0.180	0.818	0.637	4.534	0.012	29

如表 5 - 30 所示，所有指标的 Corrected Item - Total Correlation 值都大于

0.5，且 Cronbach's α if Item Deleted 值都小于 0.968，意味着此次量表所有指标的设定都是极好的，可以进行量表的运用与调查，无须对量表进行调整，这一结果得益于对大量文献的梳理借鉴以及各位专家专业的意见。

表 5－30　Item－Total Statistics

	Scale Mean if Item Deleted	Scale Variance if Item Deleted	Corrected Item－Total Correlation	Cronbach's α if Item Deleted
品牌形象 1	107.45	271.814	0.608	0.966
品牌形象 2	107.73	271.627	0.607	0.966
品牌形象 3	107.71	270.507	0.645	0.966
品牌形象 4	107.45	272.317	0.563	0.966
感知质量 1	107.72	267.116	0.721	0.965
感知质量 2	107.61	268.429	0.655	0.966
感知质量 3	107.68	267.320	0.739	0.965
感知质量 4	108.19	262.563	0.688	0.966
感知价值 1	107.93	264.934	0.653	0.966
感知价值 2	108.20	263.251	0.654	0.966
感知价值 3	107.78	269.385	0.637	0.966
感知价值 4	108.19	263.828	0.657	0.966
品牌认同 1	108.06	267.092	0.727	0.965
品牌认同 2	107.71	267.840	0.735	0.965
品牌认同 3	107.66	268.989	0.651	0.966
品牌认同 4	108.16	264.608	0.678	0.966
品牌认同 5	107.90	266.241	0.779	0.965
品牌信任 1	107.85	264.127	0.786	0.965
品牌信任 2	107.90	265.221	0.773	0.965
品牌信任 3	107.83	265.896	0.782	0.965
品牌信任 4	108.32	262.915	0.638	0.966
品牌信任 5	107.78	266.651	0.745	0.965
品牌信任 6	107.95	264.059	0.796	0.965

续表

	Scale Mean if Item Deleted	Scale Variance if Item Deleted	Corrected Item – Total Correlation	Cronbach's α if Item Deleted
品牌忠诚1	107.91	264.018	0.741	0.965
品牌忠诚2	107.90	264.718	0.749	0.965
品牌忠诚3	108.39	262.021	0.685	0.966
品牌忠诚4	108.28	261.100	0.730	0.965
品牌忠诚5	107.80	265.360	0.740	0.965
品牌忠诚6	107.98	263.884	0.793	0.965

（2）效度分析。通过对量表进行KMO检验和Bartlett球形检验，检验结果如表5－31所示，KMO值为0.947，Bartlett球形检验Sig. 为0.000，证明问卷的一致性很高，问卷的内容有效性较高。从表5－32可以看出，各指标的贡献率也较高。

表5－31　KMO and Bartlett's Test

Kaiser – Meyer – Olkin Measure of Sampling Adequacy.		0.947
Bartlett's Test of Sphericity	Approx. Chi – Square	3657.019
	df	406
	Sig.	0.000

表5－32　Communalities

	Initial	Extraction
品牌形象1	1.000	0.747
品牌形象2	1.000	0.819
品牌形象3	1.000	0.792
品牌形象4	1.000	0.663
感知质量1	1.000	0.791
感知质量2	1.000	0.808
感知质量3	1.000	0.742

续表

	Initial	Extraction
感知质量 4	1.000	0.603
感知价值 1	1.000	0.800
感知价值 2	1.000	0.872
感知价值 3	1.000	0.648
感知价值 4	1.000	0.797
品牌认同 1	1.000	0.731
品牌认同 2	1.000	0.721
品牌认同 3	1.000	0.707
品牌认同 4	1.000	0.853
品牌认同 5	1.000	0.730
品牌信任 1	1.000	0.775
品牌信任 2	1.000	0.808
品牌信任 3	1.000	0.812
品牌信任 4	1.000	0.700
品牌信任 5	1.000	0.620
品牌信任 6	1.000	0.705
品牌忠诚 1	1.000	0.795
品牌忠诚 2	1.000	0.806
品牌忠诚 3	1.000	0.771
品牌忠诚 4	1.000	0.824
品牌忠诚 5	1.000	0.774
品牌忠诚 6	1.000	0.722

注：提取方法为主成分分析法。

对各量表分别进行因子分析，结果如表 5 - 33 所示。通过 SPSS23.0 对品牌形象量表、感知质量量表、感知价值量表、品牌信任量表、品牌认同量表和品牌忠诚量表所涉及的各个变量进行因子分析，各量表主成分分析下解释的总方差结果如表 5 - 33 至表 5 - 38 所示，因子分析中各量表中都只提取了一个公因子，且公因子的解释程度也较高，证明本次量表的校标效度较好。

表 5 - 33　品牌形象量表 Total Variance Explained

Component	Initial Eigenvalues			Extraction Sums of Squared Loadings		
	Total	% of Variance	Cumulative %	Total	% of Variance	Cumulative %
1	2. 878	71. 946	71. 946	2. 878	71. 946	71. 946
2	0. 510	12. 753	84. 700			
3	0. 340	8. 511	93. 211			
4	0. 272	6. 789	100. 000			

注：提取方法为主成分分析法。

表 5 - 34　感知质量量表 Total Variance Explained

Component	Initial Eigenvalues			Extraction Sums of Squared Loadings		
	Total	% of Variance	Cumulative %	Total	% of Variance	Cumulative %
1	2. 739	68. 475	68. 475	2. 739	68. 475	68. 475
2	0. 633	15. 829	84. 304			
3	0. 349	8. 713	93. 017			
4	0. 279	6. 983	100. 000			

注：提取方法为主成分分析法。

表 5 - 35　感知价值量表 Total Variance Explained

Component	Initial Eigenvalues			Extraction Sums of Squared Loadings		
	Total	% of Variance	Cumulative %	Total	% of Variance	Cumulative %
1	2. 861	71. 528	71. 528	2. 861	71. 528	71. 528
2	0. 568	14. 202	85. 730			
3	0. 391	9. 764	95. 494			
4	0. 180	4. 506	100. 000			

注：提取方法为主成分分析法。

表 5-36 品牌信任量表 Total Variance Explained

Component	Initial Eigenvalues			Extraction Sums of Squared Loadings		
	Total	% of Variance	Cumulative %	Total	% of Variance	Cumulative %
1	4. 033	67. 217	67. 217	4. 033	67. 217	67. 217
2	0. 645	10. 746	77. 963			
3	0. 493	8. 211	86. 174			
4	0. 320	5. 327	91. 501			
5	0. 275	4. 580	96. 081			
6	0. 235	3. 919	100. 000			

注：提取方法为主成分分析法。

表 5-37 品牌认同量表 Total Variance Explained

Component	Initial Eigenvalues			Extraction Sums of Squared Loadings		
	Total	% of Variance	Cumulative %	Total	% of Variance	Cumulative %
1	3. 148	62. 956	62. 956	3. 148	62. 956	62. 956
2	0. 809	16. 174	79. 129			
3	0. 393	7. 859	86. 988			
4	0. 353	7. 052	94. 040			
5	0. 298	5. 960	100. 000			

注：提取方法为主成分分析法。

表 5-38 品牌忠诚量表 Total Variance Explained

Component	Initial Eigenvalues			Extraction Sums of Squared Loadings		
	Total	% of Variance	Cumulative %	Total	% of Variance	Cumulative %
1	4. 344	72. 406	72. 406	4. 344	72. 406	72. 406
2	0. 563	9. 384	81. 791			
3	0. 427	7. 111	88. 902			
4	0. 290	4. 832	93. 734			

续表

Component	Initial Eigenvalues			Extraction Sums of Squared Loadings		
	Total	% of Variance	Cumulative %	Total	% of Variance	Cumulative %
5	0.200	3.338	97.071			
6	0.176	2.929	100.000			

注：提取方法为主成分分析法。

然后通过 AMOS 结构方程对预调研的结果进行理论模型的验证性因子分析，验证理论模型的结构效度，进一步检查量表逻辑结构的合理性。组合信度（Construct Reliability，CR 值）：通过因子载荷量计算的表示内部一致性信度质量的指标值进行检验。计算公式如下：

$$CR = (\sum \lambda)^2 / [(\sum \lambda)^2 + \sum \theta]$$

平均方差抽取量（Average Variance Extracted，AVE 值）：通过因子载荷量计算的表示收敛效度的指标值。计算公式如下：

$$CR = \sum \lambda^2 / (\sum \lambda^2 + \sum \theta)$$

其中，λ 表示因子载荷量，θ 表示测量误差，因子载荷量可由 AMOS 进行检验，θ 根据因子载荷量进行计算。CR 值反映的是量表中各题项之间的相关性，CR 值越大则各题项之间的相关性就越强，潜在变量对它们的解释能力也越强，问卷量表的内部一致性就越好。AVE 值是代表潜在变量对所有测量变量的综合解释能力，AVE 值越大，潜在变量能够同时解释它所对应的题项的能力就越强，同样，题项表现潜在变量性质的能力也越强（收敛于一点），收敛效度越好。各变量关系的验证性因子分析结构如图 5 - 7 所示。

通过 AMOS23.0 进行的验证性分析的结果如表 5 - 39 所示，表中各量表中所有题项的因素负荷量全部高于 0.6，由此说明 29 个题项的效度是较好的，量表 6 个维度的信度组合（CR）值都高于 0.8，同时平均方差抽取量（AVE）值都高于 0.5，证明各维度具有较好的聚合效度。因此通过此次预调研的问卷的信效度分析可以得出，本次问卷量表设计的质量较好，信度和效度水平都比较高，内容信度、校标信度以及结果信度都通过了检验，因此可以进行问卷的正式发放，并进行相关理论模型的检验。

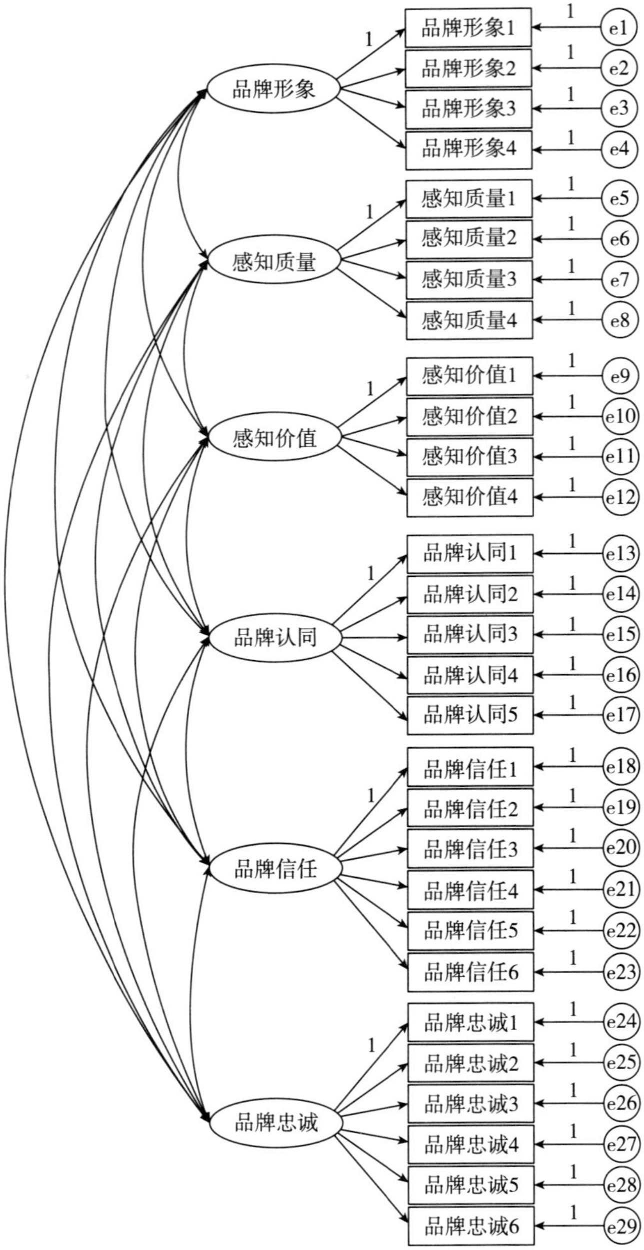

图5－7　各变量关系的验证性因子分析结构

表 5－39　验证性因子分析结果

变量	因素负荷量	信度系数	测量误差	组合信度（CR）	平均方差抽取量（AVE）
Q9_ 行 1 < －品牌形象	0.825	0.681	0.319	0.870	0.627
Q9_ 行 2 < －品牌形象	0.770	0.593	0.407		
Q9_ 行 3 < －品牌形象	0.806	0.650	0.350		
Q9_ 行 4 < －品牌形象	0.764	0.584	0.416		
Q9_ 行 5 < －感知质量	0.841	0.707	0.293	0.853	0.596
Q9_ 行 6 < －感知质量	0.754	0.569	0.431		
Q9_ 行 7 < －感知质量	0.840	0.706	0.294		
Q9_ 行 8 < －感知质量	0.633	0.401	0.599		
Q9_ 行 9 < －感知价值	0.805	0.648	0.352	0.873	0.637
Q9_ 行 10 < －感知价值	0.905	0.819	0.181		
Q9_ 行 11 < －感知价值	0.621	0.386	0.614		
Q9_ 行 12 < －感知价值	0.833	0.694	0.306		
Q9_ 行 13 < －品牌认同	0.737	0.543	0.457	0.855	0.542
Q9_ 行 14 < －品牌认同	0.761	0.579	0.421		
Q9_ 行 15 < －品牌认同	0.688	0.473	0.527		
Q9_ 行 16 < －品牌认同	0.691	0.477	0.523		
Q9_ 行 17 < －品牌认同	0.799	0.638	0.362		
Q9_ 行 18 < －品牌信任	0.818	0.669	0.331	0.903	0.610
Q9_ 行 19 < －品牌信任	0.818	0.669	0.331		
Q9_ 行 20 < －品牌信任	0.824	0.679	0.321		
Q9_ 行 21 < －品牌信任	0.652	0.425	0.575		
Q9_ 行 22 < －品牌信任	0.756	0.572	0.428		
Q9_ 行 23 < －品牌信任	0.842	0.709	0.291	0.924	0.671
Q9_ 行 24 < －品牌忠诚	0.871	0.759	0.241		
Q9_ 行 25 < －品牌忠诚	0.774	0.599	0.401		
Q9_ 行 26 < －品牌忠诚	0.812	0.659	0.341		
Q9_ 行 27 < －品牌忠诚	0.813	0.661	0.339		
Q9_ 行 28 < －品牌忠诚	0.802	0.643	0.357		
Q9_ 行 29 < －品牌忠诚	0.800	0.640	0.360		

5.4.4 正式问卷基本统计量与信效度检验

本次问卷调查依然采用网络问卷的形式进行，共发放正式问卷805份，回收问卷805份，回收率达到100%，其中有效问卷共805份，问卷有效率达100%。在问卷的设计过程中，为了使调查的结果更具有针对性，本次调查问卷中设有是否购买过“阿克苏苹果”题项，在进行问卷分析时，对没有购买过的消费者的调查问卷进行剔除，仅考虑购买过“阿克苏苹果”的消费者的调查问卷，以保证问卷的填报质量。经过统计，选择购买过的问卷数量为618份，占总问卷数量的76.77%。

（1）样本基本情况描述性统计如表5－40所示。

表5－40 基本情况描述性统计

		Frequency	Percent（%）	Valid Percent（%）	Cumulative Percent（%）
性别	男	228	36.9	36.9	36.9
	女	390	63.1	63.1	100.0
	总计	618	100.0	100.0	
年龄	18岁以下	6	1.0	1.0	1.0
	18～25岁	266	43.0	43.0	44.0
	26～30岁	80	12.9	12.9	57.0
	31～40岁	127	20.6	20.6	77.5
	41～50岁	86	13.9	13.9	91.4
	51～60岁	50	8.1	8.1	99.5
	60岁以上	3	0.5	0.5	100.0
	总计	618	100.0	100.0	
受教育程度	小学或初中	15	2.4	2.4	2.4
	高中或中职院校	45	7.3	7.3	9.7
	大专或本科	365	59.1	59.1	68.8
	硕士研究生	152	24.6	24.6	93.4
	博士研究生	41	6.6	6.6	100.0
	总计	618	100.0	100.0	

续表

		Frequency	Percent (%)	Valid Percent (%)	Cumulative Percent (%)
职业	国家公务员、企事业单位	233	37.7	37.7	37.7
	学生	236	38.2	38.2	75.9
	自由职业者	56	9.1	9.1	85.0
	军人	6	1.0	1.0	85.9
	其他	87	14.1	14.1	100.0
	总计	618	100.0	100.0	
收入水平	1000元以下	177	28.6	28.6	28.6
	1000~3000元	90	14.6	14.6	43.2
	3001~5000元	106	17.2	17.2	60.4
	5001~7000元	133	21.5	21.5	81.9
	7000元以上	112	18.1	18.1	100.0
	总计	618	100.0	100.0	
地区	疆内	405	65.5	65.5	98.4
	疆外	213	34.5	34.5	100
	总计	618	100.0	100.0	

从图5-8可以看出，本次调查中，男性228人，占样本总数的36.9%；女性390人，占样本总数的63.1%。

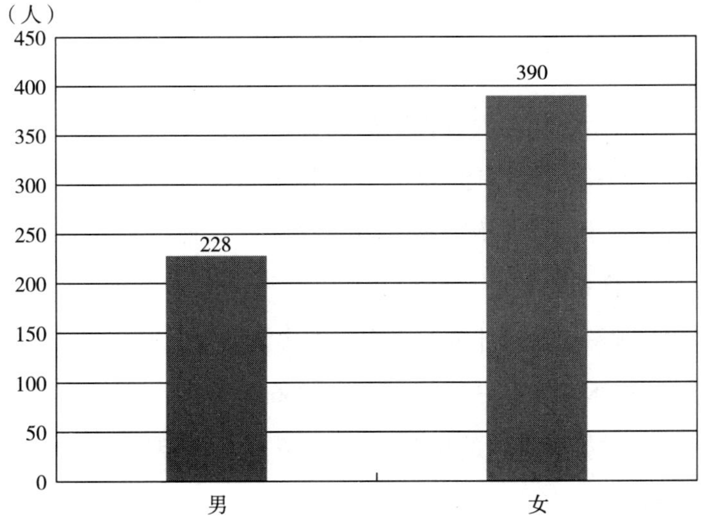

图5-8 样本性别分布

如图5－9所示，从年龄分布情况来看，18岁以下6人，占样本总数的1.0%，18～25岁266人，占样本总数的43.0%；26～30岁80人，占样本总数的12.9%；31～40岁127人，占样本总数的20.6%；41～50岁86人，占样本总数的13.9%；51～60岁50人，占样本总数的8.1%；60岁以上3人，占样本总数的0.5%。

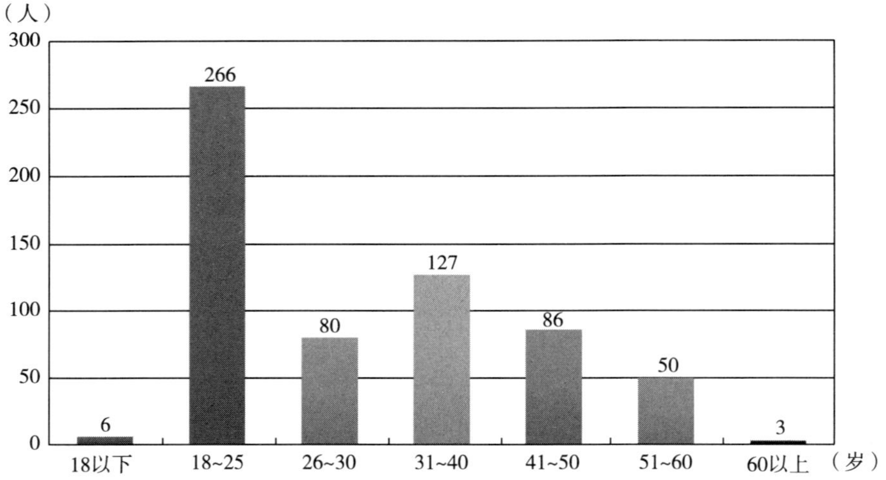

图5－9　样本年龄分布

如图5－10所示，从受教育程度情况看，小学或初中学历15人，占样本总数的2.4%；高中或中职院校45人，占样本总数的7.3%；大专或本科365人，占样本总数的59.1%；硕士研究生152人，占样本总数的24.6%；博士研究生41人，占样本总数的6.6%。

如图5－11所示，从职业情况来看，本次调查中国家公务员、企事业单位人员233人，占样本总数的37.7%；学生236人，占样本总数的38.2%；自由职业者56人，占样本总数的9.1%，军人6人，占样本总数的1.0%；其他职业87人，占样本总数的14.1%。

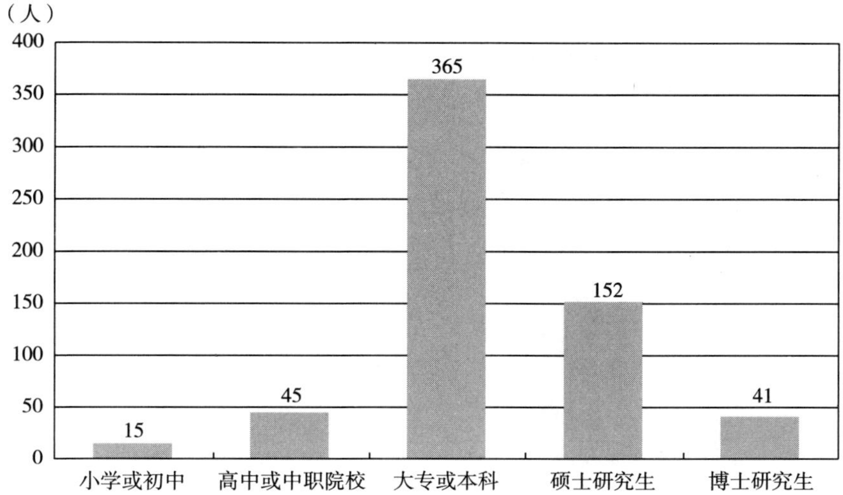

图 5－10　样本受教育程度分布

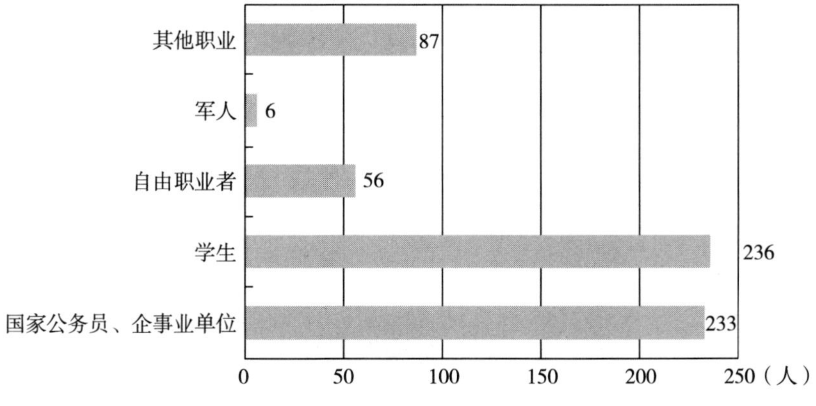

图 5－11　样本职业分布

如图 5－12 所示，从收入情况看，1000 元以下 177 人，占样本总数的 28.6%；1000～3000 元 90 人，占样本总数的 14.6%；3001～5000 元的 106 人，占样本总数的 17.2%；5001～7000 元 133 人，占样本总数的 21.5%；7000 元以上的 112 人，占样本总数的 18.1%。

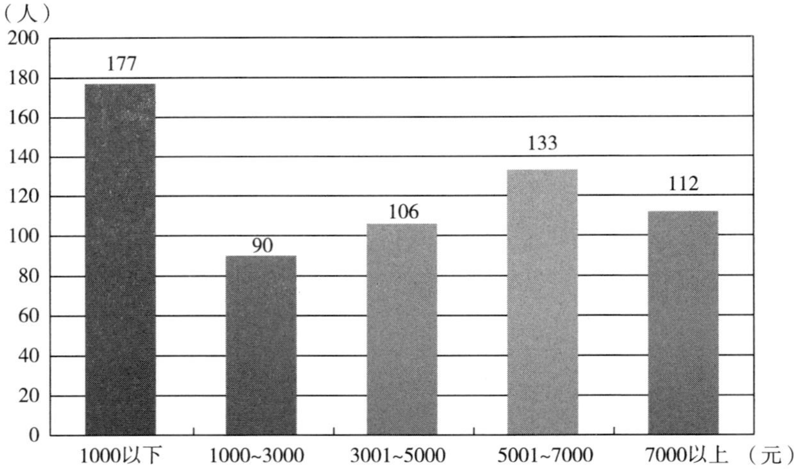

图 5－12　样本收入情况分布

如图 5－13 所示，从地区分布情况来看，本次问卷共发放涉及国内 27 个省份，除吉林、西藏、香港、澳门、台湾五地区外，其余省份均有涉及，且有海外人员 2 人。由于问卷发放相对比较分散，除新疆地区共收到问卷 405 份外，其他疆外地区共收问卷 213 份，占样本总数的 34%，因此在进行分析过程中，将该变量重新生成新变量，变量由疆内和疆外两个统计量构成。

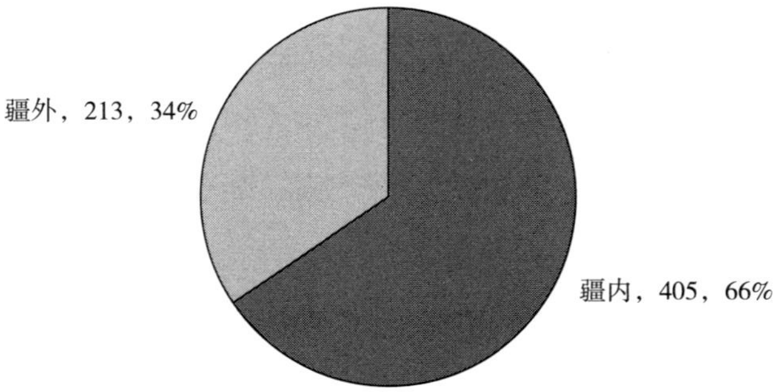

图 5－13　样本地区分布情况

（2）变量数据的正太分布检验。由于在结构方程模型的使用过程中，要求所观测变量的值都必须服从正态分布，因此需要对观测变量值进行正态分布检验。检验过程如下：首先使用 SPSS23.0 对各变量指标所有样本进行频数分析，生成直方图，并显示正态分布曲线，从各变量的数据分布上，直观地进行判断。通过观察，可以看出各量表指标数据基本都满足偏正态分布状态。然后对所有变量指标进行描述性统计分析，结果如表 5－41 所示，包括最大值、最小值、均值、标准差、偏度和峰度等，最后对所有变量指标进行 K－S 正态分布检验。

表 5－41　所有变量的描述性统计

	N	Minimum	Maximum	Mean	Std. Deviation	Variance	Skewness	Kurtosis
品牌形象 1	618	1	5	4.30	0.656	0.431	－0.749	1.374
品牌形象 2	618	1	5	4.03	0.725	0.526	－0.410	0.397
品牌形象 3	618	1	5	4.01	0.747	0.557	－0.367	0.143
品牌形象 4	618	1	5	4.32	0.678	0.459	－0.829	1.249
感知质量 1	618	1	5	4.03	0.779	0.607	－0.693	1.046
感知质量 2	618	1	5	4.13	0.754	0.569	－0.739	1.023
感知质量 3	618	1	5	4.08	0.710	0.505	－0.546	0.870
感知质量 4	618	1	5	3.56	1.036	1.073	－0.314	－0.479
感知价值 1	618	1	5	3.75	0.990	0.980	－0.664	0.234
感知价值 2	618	1	5	3.45	0.971	0.942	－0.273	0.026
感知价值 3	618	1	5	4.06	0.729	0.531	－0.719	1.385
感知价值 4	618	1	5	3.55	0.917	0.841	－0.337	0.249
品牌认同 1	618	1	5	3.67	0.774	0.599	－0.207	0.144
品牌认同 2	618	1	5	4.10	0.728	0.529	－0.817	1.656
品牌认同 3	618	1	5	4.14	0.706	0.498	－0.763	1.680
品牌认同 4	618	1	5	3.60	0.917	0.841	－0.404	0.318
品牌认同 5	618	1	5	3.88	0.753	0.567	－0.322	0.339
品牌信任 1	618	1	5	3.92	0.765	0.585	－0.562	0.952
品牌信任 2	618	1	5	3.85	0.786	0.618	－0.412	0.303

续表

	N	Minimum	Maximum	Mean	Std. Deviation	Variance	Skewness	Kurtosis
品牌信任3	618	1	5	3.90	0.746	0.557	-0.337	0.263
品牌信任4	618	1	5	3.43	1.007	1.014	-0.262	-0.476
品牌信任5	618	1	5	3.98	0.731	0.534	-0.564	1.002
品牌信任6	618	1	5	3.81	0.827	0.684	-0.535	0.502
品牌忠诚1	618	1	5	3.87	0.864	0.746	-0.557	0.135
品牌忠诚2	618	1	5	3.87	0.802	0.643	-0.559	0.455
品牌忠诚3	618	1	5	3.33	1.049	1.099	-0.112	-0.747
品牌忠诚4	618	1	5	3.45	1.032	1.065	-0.335	-0.419
品牌忠诚5	618	1	5	3.94	0.777	0.604	-0.664	1.061
品牌忠诚6	618	1	5	3.84	0.837	0.701	-0.666	0.803
Valid N (listwise)	618							

资料来源：通过 SPSS23.0 软件分析整理得出。

由表5-42可知，所有测量指标均通过显著性检验，证明所有变量指标的样本数据未满足正态分布，不符合 AMOS 结构方程对数据分布的基本要求假设，不适合进行 AMOS 结构方程的检验，因此本书选用 SmartPLS 方法对 SEM 结构方程模型进行检验。

表5-42 One-Sample Kolmogorov-Smirnov Test

	Normal Parameters			Most Extreme Differences			Test Statistic	Asymp. Sig. (2-tailed)
	N	Mean	Std. Deviation	Absolute	Positive	Negative		
品牌形象1	618	4.30	0.656	0.279	0.279	-0.254	0.279	0.000
品牌形象2	618	4.03	0.725	0.266	0.257	-0.266	0.266	0.000
品牌形象3	618	4.01	0.747	0.255	0.241	-0.255	0.255	0.000
品牌形象4	618	4.32	0.678	0.266	0.257	-0.266	0.266	0.000
感知质量1	618	4.03	0.779	0.267	0.237	-0.267	0.267	0.000

续表

	Normal Parameters			Most Extreme Differences			Test Statistic	Asymp. Sig. (2-tailed)
	N	Mean	Std. Deviation	Absolute	Positive	Negative		
感知质量2	618	4.13	0.754	0.260	0.242	-0.260	0.260	0.000
感知质量3	618	4.08	0.710	0.278	0.271	-0.278	0.278	0.000
感知质量4	618	3.56	1.036	0.193	0.178	-0.193	0.193	0.000
感知价值1	618	3.75	0.990	0.238	0.163	-0.238	0.238	0.000
感知价值2	618	3.45	0.971	0.220	0.220	-0.202	0.220	0.000
感知价值3	618	4.06	0.729	0.292	0.270	-0.292	0.292	0.000
感知价值4	618	3.55	0.917	0.215	0.215	-0.199	0.215	0.000
品牌认同1	618	3.67	0.774	0.258	0.213	-0.258	0.258	0.000
品牌认同2	618	4.10	0.728	0.291	0.271	-0.291	0.291	0.000
品牌认同3	618	4.14	0.706	0.278	0.276	-0.278	0.278	0.000
品牌认同4	618	3.60	0.917	0.209	0.203	-0.209	0.209	0.000
品牌认同5	618	3.88	0.753	0.268	0.237	-0.268	0.268	0.000
品牌信任1	618	3.92	0.765	0.281	0.245	-0.281	0.281	0.000
品牌信任2	618	3.85	0.786	0.272	0.228	-0.272	0.272	0.000
品牌信任3	618	3.90	0.746	0.274	0.244	-0.274	0.274	0.000
品牌信任4	618	3.43	1.007	0.210	0.170	-0.210	0.210	0.000
品牌信任5	618	3.98	0.731	0.292	0.264	-0.292	0.292	0.000
品牌信任6	618	3.81	0.827	0.271	0.218	-0.271	0.271	0.000
品牌忠诚1	618	3.87	0.864	0.262	0.202	-0.262	0.262	0.000
品牌忠诚2	618	3.87	0.802	0.287	0.233	-0.287	0.287	0.000
品牌忠诚3	618	3.33	1.049	0.194	0.168	-0.194	0.194	0.000
品牌忠诚4	618	3.45	1.032	0.212	0.160	-0.212	0.212	0.000
品牌忠诚5	618	3.94	0.777	0.288	0.246	-0.288	0.288	0.000
品牌忠诚6	618	3.84	0.837	0.280	0.222	-0.280	0.280	0.000

（3）正式问卷的信效度分析。由于样本容量的增加，为了分析样本数据的有效性，需再次对问卷进行信度检验。

首先对模型潜变量进行单一维度检验。结果显示，每个潜变量的第一主成分特征值均大于 1，第二主成分特征值均小于 1，因此所构建的 PLS 结构方程模型通过检验。信度检验结果如表 5－43 至表 5－45 所示。本次检验样本数量 618 个，样本有效率 100%，经过检验，所有指标的整体 Cronbach's α Based on Standardized Items 值为 0.969，且各指标的 Corrected Item – Total Correlation 指数均大于 0.5，Cronbach's α if Item Deleted 系数均小于整体系数 0.969，说明量表指标数据的可靠性较高。

表 5－43　Case Processing Summary

		N	%
Cases	Valid	618	100.0
	Excluded	0	0.0
	Total	618	100.0

表 5－44　Reliability Statistics

Cronbach's α	Cronbach's α Based on Standardized Items	N of Items
0.968	0.969	29

表 5－45　Item – Total Statistics

	Scale Mean if Item Deleted	Scale Variance if Item Deleted	Corrected Item – Total Correlation	Cronbach's α if Item Deleted
品牌形象 1	107.56	291.011	0.601	0.968
品牌形象 2	107.83	287.325	0.694	0.967
品牌形象 3	107.85	286.826	0.693	0.967
品牌形象 4	107.55	291.347	0.566	0.968
感知质量 1	107.83	284.367	0.759	0.967
感知质量 2	107.73	287.275	0.667	0.967
感知质量 3	107.79	286.703	0.735	0.967
感知质量 4	108.30	279.604	0.699	0.967
感知价值 1	108.11	281.298	0.681	0.967

续表

	Scale Mean if Item Deleted	Scale Variance if Item Deleted	Corrected Item – Total Correlation	Cronbach's α if Item Deleted
感知价值2	108.41	282.929	0.644	0.968
感知价值3	107.80	288.129	0.656	0.967
感知价值4	108.31	283.524	0.665	0.967
品牌认同1	108.19	287.239	0.650	0.967
品牌认同2	107.76	288.088	0.659	0.967
品牌认同3	107.72	287.836	0.692	0.967
品牌认同4	108.27	282.147	0.711	0.967
品牌认同5	107.98	284.379	0.786	0.967
品牌信任1	107.94	283.880	0.793	0.966
品牌信任2	108.01	283.757	0.775	0.967
品牌信任3	107.96	283.836	0.816	0.966
品牌信任4	108.43	281.253	0.670	0.967
品牌信任5	107.89	286.617	0.717	0.967
品牌信任6	108.05	283.425	0.747	0.967
品牌忠诚1	107.99	281.882	0.768	0.967
品牌忠诚2	107.99	283.520	0.768	0.967
品牌忠诚3	108.53	279.539	0.692	0.967
品牌忠诚4	108.41	278.090	0.748	0.967
品牌忠诚5	107.92	284.587	0.752	0.967
品牌忠诚6	108.03	281.879	0.794	0.966

在效度检验方面，如表5－46所示，变量的整体KMO值为0.969，大于0.9，且Bartlett's球形检验值为15055.480，Sig.为0.000，证明问卷的内容效度一致性很高。PLS结构方程模型的效度指标要求聚合效度值（平均变异萃取量，以下简称AVE）要大于0.5，信度指标要求组合信度值大于0.7。从表5－47可知，量表6个维度的组合信度（CR）值都高于0.8，同时平均方差抽取量（AVE）值都高于0.5，Cronbach's α系数大于0.7，T值都大于1.96。

表 5－46 KMO and Bartlett's Test

Kaiser－Meyer－Olkin Measure of Sampling Adequacy.		0. 969
Bartlett's Test of Sphericity	Approx. Chi－Square	15055. 480
	df	406
	Sig.	0. 000

表 5－47 Construct Reliability and Validity

变量	Original Sample（O）	T Statistics（| O/STDEV |）	Cronbach's α	CR	AVE
品牌信任 1 <－品牌信任	0. 866	63. 154	0. 912	0. 932	0. 696
品牌信任 2 <－品牌信任	0. 859	53. 778			
品牌信任 3 <－品牌信任	0. 890	67. 839			
品牌信任 4 <－品牌信任	0. 762	37. 313			
品牌信任 5 <－品牌信任	0. 793	38. 693			
品牌信任 6 <－品牌信任	0. 827	51. 766			
品牌形象 1 <－品牌形象	0. 838	61. 239	0. 849	0. 899	0. 689
品牌形象 2 <－品牌形象	0. 862	62. 619			
品牌形象 3 <－品牌形象	0. 757	33. 234			
品牌形象 4 <－品牌形象	0. 860	64. 745			
品牌忠诚 1 <－品牌忠诚	0. 866	73. 702	0. 927	0. 943	0. 732
品牌忠诚 2 <－品牌忠诚	0. 868	68. 958			
品牌忠诚 3 <－品牌忠诚	0. 827	58. 663			
品牌忠诚 4 <－品牌忠诚	0. 873	76. 456			
品牌忠诚 5 <－品牌忠诚	0. 851	59. 704			
品牌忠诚 6 <－品牌忠诚	0. 849	59. 952			
品牌认同 1 <－品牌认同	0. 772	33. 580	0. 855	0. 896	0. 633
品牌认同 2 <－品牌认同	0. 794	41. 761			
品牌认同 3 <－品牌认同	0. 812	47. 465			
品牌认同 4 <－品牌认同	0. 750	34. 615			
品牌认同 5 <－品牌认同	0. 846	66. 106			

续表

变量	Original Sample (O)	T Statistics (| O/STDEV |)	Cronbach's α	CR	AVE
感知价值 1 <- 感知价值	0.889	83.017	0.867	0.91	0.716
感知价值 2 <- 感知价值	0.847	52.356			
感知价值 3 <- 感知价值	0.880	64.070			
感知价值 4 <- 感知价值	0.763	37.484			
感知质量 1 <- 感知质量	0.832	41.594	0.866	0.909	0.715
感知质量 2 <- 感知质量	0.877	75.118			
感知质量 3 <- 感知质量	0.881	76.509			
感知质量 4 <- 感知质量	0.788	33.064			

对结构方程模型进行确定性因子分析，从表 5 - 48 可以看出，当前各指标对各自维度的解释效果较好。对模型进行判别效度验证，如表 5 - 49 所示，各维度之间的判别效果较好，但品牌认同、品牌信任、品牌忠诚之间的相关性较高，原因可能是在量表的开发过程中，三个概念所反映的指标之间的共性较高，导致问卷在调查过程中出现这种现象，因此在模型构建过程中可以对观察变量进行重新审定维度划分，尽可能地进行调整，但从当前的检验结果来看，各指标通过了相关信效度检验，可以继续进行路径分析。

表 5 - 48 Cross Loadings

	品牌信任	品牌形象	品牌忠诚	品牌认同	感知价值	感知质量
品牌信任 1	0.866	0.587	0.701	0.765	0.694	0.635
品牌信任 2	0.859	0.596	0.683	0.746	0.669	0.583
品牌信任 3	0.890	0.608	0.732	0.773	0.720	0.626
品牌信任 4	0.762	0.551	0.664	0.575	0.551	0.404
品牌信任 5	0.793	0.554	0.667	0.659	0.598	0.576
品牌信任 6	0.827	0.601	0.718	0.660	0.593	0.530
品牌形象 1	0.582	0.838	0.611	0.595	0.617	0.460
品牌形象 2	0.574	0.862	0.514	0.584	0.558	0.417

续表

	品牌信任	品牌形象	品牌忠诚	品牌认同	感知价值	感知质量
品牌形象3	0.567	0.757	0.554	0.627	0.575	0.605
品牌形象4	0.593	0.860	0.544	0.613	0.560	0.448
品牌忠诚1	0.738	0.538	0.866	0.700	0.632	0.570
品牌忠诚2	0.725	0.560	0.868	0.702	0.641	0.547
品牌忠诚3	0.644	0.568	0.827	0.613	0.539	0.397
品牌忠诚4	0.701	0.597	0.873	0.663	0.589	0.443
品牌忠诚5	0.710	0.533	0.851	0.683	0.626	0.586
品牌忠诚6	0.747	0.651	0.849	0.695	0.679	0.571
品牌认同1	0.612	0.585	0.574	0.772	0.515	0.456
品牌认同2	0.608	0.478	0.609	0.794	0.544	0.616
品牌认同3	0.652	0.495	0.618	0.812	0.601	0.653
品牌认同4	0.679	0.750	0.601	0.750	0.564	0.462
品牌认同5	0.767	0.593	0.730	0.846	0.663	0.622
感知价值1	0.699	0.587	0.640	0.658	0.889	0.727
感知价值2	0.598	0.535	0.562	0.563	0.847	0.645
感知价值3	0.675	0.557	0.607	0.660	0.880	0.714
感知价值4	0.618	0.686	0.637	0.580	0.763	0.490
感知质量1	0.550	0.403	0.496	0.594	0.606	0.832
感知质量2	0.604	0.559	0.567	0.628	0.680	0.877
感知质量3	0.610	0.569	0.551	0.631	0.676	0.881
感知质量4	0.507	0.430	0.436	0.536	0.621	0.788

表5-49 Fornell-Larcker Criterion

	品牌信任	品牌形象	品牌忠诚	品牌认同	感知价值	感知质量
品牌信任	0.834					
品牌形象	0.699	0.830				
品牌忠诚	***0.832***	0.672	0.856			
品牌认同	***0.809***	0.731	0.791	0.796		
感知价值	0.767	0.698	0.724	0.729	0.846	
感知质量	0.674	0.585	0.609	0.708	0.765	0.845

5.4.5 结构方程模型路径分析及假设检验

图5-14为结构方程模型路径系数图。

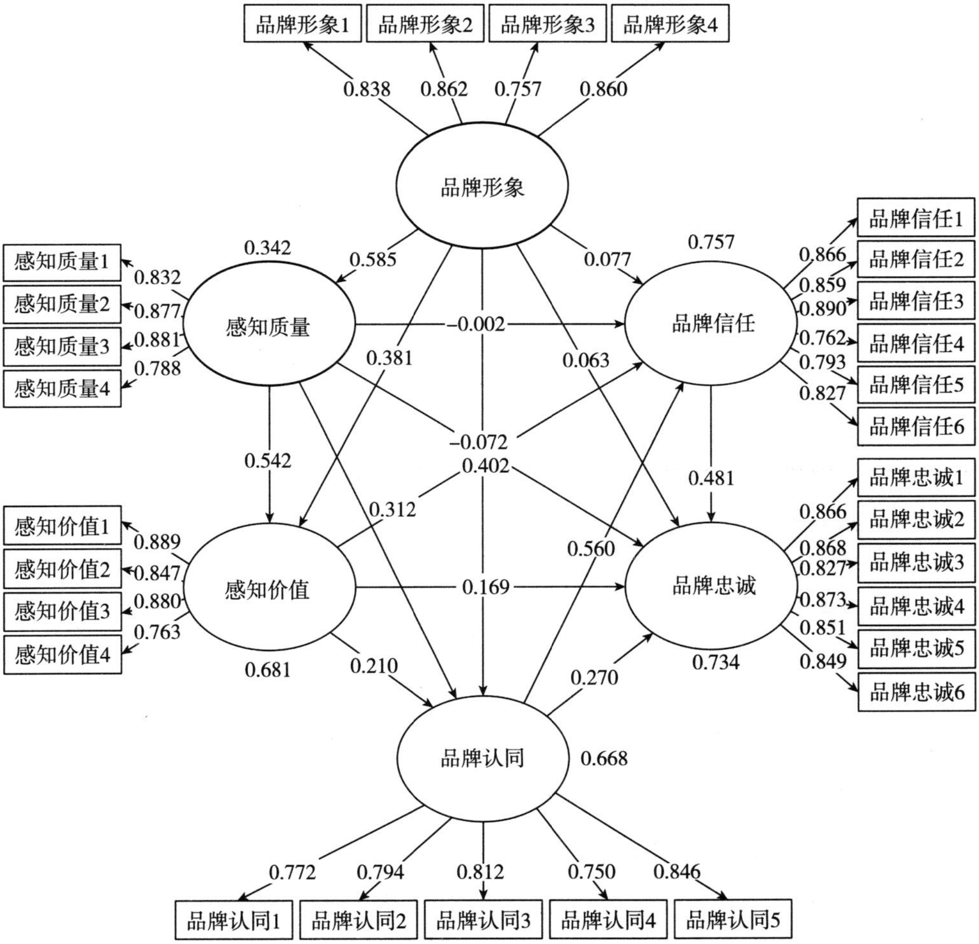

图5-14 结构方程模型路径系数

表5-50为各维度间的路径系数及其检验结果，从表中可以看出：

H4品牌形象对品牌信任有正向影响，H5品牌形象对品牌忠诚有正向影响，H8 感知质量对品牌信任有正向影响，H9 感知质量对品牌忠诚有正向影响，四个假设均没有通过检验。

表 5-50 结构方程模型中路径关系研究假设的检验结果

原假设		Original Sample（O）	T Statistics（| O/STDEV |）	P 值	检验结构
H1	品牌形象 - >感知质量	0.585	17.582	0	支持
H2	品牌形象 - >感知价值	0.381	12.928	0	支持
H3	品牌形象 - >品牌认同	0.402	10.772	0	支持
H4	品牌形象 - >品牌信任	0.077	1.839	0.066	拒绝
H5	品牌形象 - >品牌忠诚	0.063	1.358	0.175	拒绝
H6	感知质量 - >感知价值	0.542	17.969	0	支持
H7	感知质量 - >品牌认同	0.312	8.126	0	支持
H8	感知质量 - >品牌信任	-0.002	0.048	0.961	拒绝
H9	感知质量 - >品牌忠诚	-0.072	1.86	0.063	拒绝
H10	感知价值 - >品牌认同	0.21	4.611	0	支持
H11	感知价值 - >品牌信任	0.306	7.152	0	支持
H12	感知价值 - >品牌忠诚	0.169	3.588	0	支持
H13	品牌认同 - >品牌信任	0.56	12.812	0	支持
H14	品牌认同 - >品牌忠诚	0.27	4.925	0	支持
H15	品牌信任 - >品牌忠诚	0.481	8.156	0	支持

其余的假设均通过了检验，即

H1："阿克苏苹果"区域品牌形象对消费者感知质量起正向影响作用。

H2："阿克苏苹果"区域品牌形象对消费者感知价值起正向影响作用。

H3："阿克苏苹果"区域品牌形象对消费者品牌认同起正向影响作用。

H6：消费者感知质量对感知价值起正向影响作用。

H7：消费者感知质量对品牌认同起正向影响作用。

H10：感知质量对"阿克苏苹果"区域品牌认同起正向影响作用。

H11：感知价值对"阿克苏苹果"区域品牌信任起正向影响作用。

H12：感知价值对“阿克苏苹果”区域品牌忠诚起正向影响作用。

H13：“阿克苏苹果”区域品牌认同对品牌信任起正向影响作用。

H14：“阿克苏苹果”区域品牌认同对品牌忠诚起正向影响作用。

H15：“阿克苏苹果”区域品牌信任对品牌忠诚起正向影响作用。

5.4.6　品牌忠诚度影响因素结果启示

通过对消费者“阿克苏苹果”品牌忠诚度的影响因素模型的检验可以看出，“阿克苏苹果”的品牌形象和品牌的感知质量两个维度对消费者的品牌信任和品牌忠诚的影响均不显著，与众多学者的研究结果有出入。

首先是品牌形象对消费者的品牌信任和品牌忠诚的影响不显著，从数据的结论上来看可能意味着“阿克苏苹果”区域品牌的品牌形象并不重要，消费者不关注“阿克苏苹果”的品牌形象，但通过调查发现，这是“阿克苏苹果”的品牌形象不好所导致的，大部分的消费者都没有见过“阿克苏苹果”的品牌标志，或者见过却并不知道那是“阿克苏苹果”的品牌标志。

其次是感知质量对消费者品牌信任和品牌忠诚的影响也不显著。与品牌形象的原理相同，消费者对感知质量的评价较为统一，但品牌信任和品牌忠诚度却有所不同，原因在于农产品的感知质量的阻碍因素过多，消费者很难判别产品质量。

因此，在品牌的维护过程中，关注影响品牌忠诚的每个逻辑关系节点都十分重要。根据结论本书提出以下建议：

（1）对于品牌形象的根本属性，在“阿克苏苹果”品牌构建过程中，应重点突出产品的区位优势。如环境优势、产品差异优势等，并且要维护现有的区位优势，保护其完整性，打造能够让消费者记忆深刻的品牌标志、广告语等，增强品牌的可识别性，增强品牌的联想度，增强消费者的识别能力。

（2）加强“阿克苏苹果”区域品牌的品牌识别能力，从而促进消费者感知质量的增强，消费者感知质量是消费者对产品质量是否满意的关键点。让消费者在最短的时间内感知产品质量，需要加强品牌的可识别性。研究中发现，消费者对“阿克苏苹果”品牌的感知较弱，因此，在现今“阿克苏苹果”品牌的维护过程中，增强消费者品牌感知应作为“阿克苏苹果”品牌发展过程中最需解决的问题，具体的增强品牌感知的方法可以借鉴品牌定位的相关做法如利用农博会、体验营销等，这些都是能够增强顾客品牌感知的较好的重要手段。

（3）从模型的整体来看，消费者感知价值、品牌认同、品牌信任都对品牌忠诚有正向的显著影响，因此更应该注重消费者感知价值的增加，从而提高消费者认同，获得消费者的品牌信任，提高品牌忠诚度。

5.5 本章小结

本章的重要价值在于通过对“阿克苏苹果”区域品牌构建进行实证分析，进一步验证了特色农产品区域品牌构建模型的科学性和应用价值，也为模型理论的运用提供了操作性较强的示范，提升了模型的应用性。

对于实践而言，本章对“阿克苏苹果”区域品牌当前所面临的问题进行了详细分析与研究，并提出了可行性较强的解决方案。具体建议如下：

（1）结合消费者品牌喜好及品牌优势（主要以区位优势为核心），确定品牌的基本属性，为后续品牌定位、品牌发展的具体方向打下基础。

（2）品牌定位是区域品牌构建的核心环节，在“阿克苏苹果”区域品牌构建过程中，准确的市场分析、合理的目标市场选择、恰当的营销手段是品牌成功的关键。

（3）品牌强化过程应以消费者的消费行为特征为核心，围绕影响消费者购买意愿的因素进行针对性的改变，是强化品牌的原则。

（4）品牌维护的最终目标是不断增强品牌认同和品牌忠诚度，因此，在品牌维护过程中，除了从政府、行业协会、企业的角度出发进行品牌管理之外，也应加强以围绕品牌忠诚度提升的品牌维护策略的制定和完善。

（5）区域品牌构建模型不是一个单向的过程，而是一个完整的循环上升的封闭式的回路。在品牌的整个发展过程中，都需要不断地结合市场环境的变化和消费者的需求变化反思每个品牌构建阶段的问题，及时地根据环境的变化做出调整。影响反馈的因素也有很多，本书并没有对模型的外在影响进行分析，这也是笔者后续要探索的方向。

第6章　新疆特色农产品区域品牌问题分析

结合新疆特色农产品区域品牌的发展现状以及对“阿克苏苹果”区域品牌构建的实证分析，不难发现，当前新疆特色农产品区域品牌的发展及构建仍然存在着一些问题。本章从现象入手，从实践出发，总结当前新疆农产品区域品牌发展过程中的主要问题，并对问题产生的原因进行深入分析。

6.1　新疆特色农产品区域品牌发展中存在的问题

从实证分析可以看出，新疆特色农产品区域品牌建设还是以追求“资源优势”为导向。农产品区域品牌建设主体多元化和功能分散化导致农产品区域品牌产权归属不明确。政府、企业、行业协会等众多利益群体由于各自所属利益目标的不同，往往在区域品牌的构建与发展过程中，又会出现多种资源浪费、相互观望的现象。

而且，新疆地处中国西北部经济欠发达地区，在市场化程度、生产力水平、区域经济发展条件等方面与发达地区相比较为落后，而其独特的文化和自然风情，优良品质的农产品却因远离现代工业而形成了一定的优势。因而，新疆特色农产品区域品牌发展应该充分发挥自然条件、历史传统、区域文化等特殊产业要素的优势，提升区域品牌的层次和文化品位，重点打造高附加值品牌，并通过政府、企业及协会等多元主体的协同创新提升中小企业的隐性品牌竞争力及协作能力，深度挖掘特色果品的品牌贡献潜力和优势，保障和提升新疆特色农产品区域品牌独特的市场竞争力，进而推动新疆特色农业产业集群由“资源优势”向“品牌创新优势”转型发展。从前文的研究中可以看出，新疆农产品区域品牌建设主要面临以下问题：

6.1.1　区域品牌目标不明，定位模糊

首先，截至 2019 年底，新疆拥有特色农产品区域品牌 121 个，但几乎所有的品牌在构建过程中并没有设定准确清晰的区域品牌发展目标，一个没有准确目标的区域品牌，在发展的过程中，就像一艘在没有灯塔的大海航行的船只，终究会失去方向，甚至被大海所淹没。

其次，特色农产品区域品牌构建过程任务化，缺少科学合理的规划与分析，大多数的特色农产品区域品牌的构建是被动形成的，缺少主动性，且在构建过程中，缺少基于消费者需求及感知价值的品牌构建体系，缺乏对应的理论指导。构建过程仅仅是确定了产品名称，且产品名称的确定也极为简单，区域名 + 产品名称，虽然这是大多数区域品牌的名称形成方式，但在一个竞争激烈的市场环境中，缺乏特色、缺少优势、缺乏差异化的品牌将很快失去其闪亮的光泽，并最终被他人所取代。

最后，新疆特色农产品区域品牌构建过程中定位不准导致品牌发展受阻。品牌定位的目的在于确定消费者的品牌感觉价值，围绕消费者的需求进行品牌定位，才能投其所好，增强品牌价值，创建强势品牌。以“阿克苏苹果”区域品牌为例，当前的农产品区域品牌定位明显不合理，导致消费者的品牌认知不足，品牌感知质量及感知价值都欠佳，影响品牌忠诚。

6.1.2　区域品牌数量较少，品牌价值较低

通过新疆特色农产品区域品牌现状的描述，可以看出新疆地理标志产品发

展的形势并不乐观，截至2019年底，新疆拥有地理标志产品品牌数量121个，占全国地理标志产品品牌总量的4.36%，在中国31个省份（除港澳台地区）排名中位居第7，排名虽然靠前，但是新疆地理标志的数量与地理标志大省山东省（330个）、四川省（176个）和山西省（155个）等相比，绝对差额还是很大，在品牌数量上还存在着较大的差距。2013年新疆地理标志产品的产品数占全国地理标志产品的比重为7.16%，之后总体的占比就开始呈现下降趋势，由2013年新疆地理标志产品占全国比重的7.16%下降到2019年的4.80%，从品牌数量的增长速度来看，低于全国的平均发展速度，品牌申报数量与新疆地大物博的产品品类数量相比，还有很大的提升空间，地理标志产品品牌的申报还应继续加强。

与内地省份相比，新疆特色农产品区域品牌普遍存在散、小、弱的特点，存在“叫得响的产品，未叫响的品牌”等问题。新疆的地理标志品牌与全国其他省区相比，品牌数量较少、品牌价值较低、品牌溢价能力较弱是不争的事实。从第5章的分析中可以得出2019年中国农产品区域品牌价值前20名中，新疆从2016年的1个增进到3个，但是农产品区域品牌价值前100名中新疆还是仅有3个，这意味着2019年新疆121个特色农产品区域品牌中品牌价值能够排全国前100的只有三个，与山东省的17个相比，差距较大。

2017年中国农产品区域品牌价值前300名中，新疆地区只有4个品牌入围。中国农产品区域品牌价值前300名中，中国28个地区按照品牌价值衡量进行排名，新疆地区品牌总价值为149.52亿元，排第14位。2019年中国农业品牌研究中心调研和评估了中国26个地区的125个果品区域公用品牌。在各地区总体品牌收益与单位平均收益上，中东部地区的水果品牌拥有较高的整体收益与单位平均收益；而新疆等西北地区，虽然拥有大量优质的果品资源，但在整体收益与单位平均收益上与中东部地区存在较大差距。如何大力发展新疆特色农产品是新疆经济发展特别是农业发展中亟待解决的问题。

从区域品牌的品牌价值的对比分析中可以看出，新疆具备较高品牌价值的知名品牌数量与国内其他省份相比还是较少的，能够代表新疆特色、体现区域差异化、体现产品优势的区域品牌也很欠缺。虽然有库尔勒香梨、哈密瓜和阿克苏苹果这些具有相对较高品牌价值的品牌，但新疆仍然有很多有特色的产品、产业没有形成强势特色农产品区域品牌，因此新疆特色农产品区域品牌的构建之路任重道远。

6.1.3 市场运营状况不理想，品牌利用率低

从企业发展方面看，在新疆特色农产品区域品牌的发展过程中，除了政府的引导与支持之外，构建发展与管理的核心主体就是龙头企业及行业协会，它们是区域品牌发展的主要推动力量。从实证研究中可以发现，新疆的农业组织化程度低，龙头企业实力也较弱。截至2016年底，新疆农产品加工企业14165家，其中规模以上企业达到1030家，自治区级以上农业产业化重点龙头企业507家。陕西省龙头企业为2680家，合作社3.6万家，家庭农场2.4万家，专业大户8.3万户。河南省农业产业化龙头企业近7000家，其中国家级龙头企业60家、省级760家，在资本市场上市挂牌的农业企业33家，在工商部门登记注册的农民专业合作社达到11.6万家，家庭农场2.7万户。山东省规模以上农业龙头企业9300多家，农民合作社15.4万家，位居全国第一，家庭农场发展到4.1万家，各类农业社会化服务组织达20万个。所以，与西部地区陕西省、中部地区河南省与东部地区山东省相比，新疆的农业组织化程度较弱，龙头企业的实力与带动力不强。

市场方面，近年来，在苹果市场上，国内、国外的市场环境都不乐观，面对恶化的市场环境，“阿克苏苹果”却只能选择降价销售。且通过调查发现，消费者对“阿克苏苹果”区域品牌的认知较差，品牌识别能力较差，品牌利用率较低，经过调查，消费者在购买“阿克苏苹果”过程中，对品牌的敏感性却较好，意味着消费者内心对“阿克苏苹果”区域品牌具有一定的偏好，但“阿克苏苹果”的品牌传播做得并不到位，品牌使用的规范性上也没有统

一，使得消费者对品牌的识别效果不好，品牌利用率较低。

在营销模式方面，从“阿克苏苹果”的运营模式来看，新疆特色农产品运营模式依然较为传统，运营模式效率较低，与现今的运营模式相比，在资源的有效配置、品牌价值的增加、品牌效应的利用上还存在较大差距。

在物流服务支撑产业方面，当前“阿克苏地区”苹果的相关物流服务产业体系发展相对较好，但从全疆的发展情况来看，仍存在很大的不足，仍有很多地区因冷链物流发展不足造成大量农产品无法及时面向市场，从而造成了极大的损失。

在实地调查访问中发现，新疆由于缺乏培训及科研机构，集群生产经营管理缺乏创新，致使产品跟不上市场需求变化，区域品牌的市场适应能力较差。技术、资金等产业要素流动和管理组织缺乏，集群主体信息交流少，生产结构相似度高，产业链环节发展很不协调，这些都不利于区域品牌的塑造。再加上相关品牌策划机构稀少，品牌商标的设计雷同，缺乏鲜明的个性及独特的品牌文化内涵，使得消费者认同感、产品的市场知名度均不高。这制约了行业协会在促进本地企业的技术、品牌协作交流中的作用发挥，不利于制定生产标准、提高产品知名度、区域品牌价值的创造与提升，从而陷入恶性循环之中。

6.1.4 品牌假冒导致品牌价值流失

农产品区域品牌具有显著的公共品特征，因此，随着区域品牌对相关利益群体带来的效益的不断增加，在趋利心理的驱使下，很容易引发“柠檬市场”现象。在区域品牌的使用和维护过程中，常缺乏确定的管理主体，因此造成了区域品牌广泛被使用却无人维护的现象，最终导致区域品牌价值不断流失的“公地悲剧”的发生。而且从调查的情况来看，“阿克苏苹果”“库尔勒香梨”等知名区域品牌除了“柠檬市场”现象之外，更多的是假冒伪劣产品严重影响了产品的品牌价值。较为严重的如“库尔勒香梨”，在访谈过程中，笔者了解到，消费者对“库尔勒香梨”的辨识极为薄弱，很难辨别产品真伪。很多不法商贩为了巨大的利益，恶意传播虚假信息，对消费者的产品识别过程造成极大的困扰，最终，使得消费者对“库尔勒香梨”的品牌信任度下降，从而造成品牌价值的严重流失。“阿克苏苹果”也面临相同的问题，打假的行动也从未中断。

目前政府相关投入还远远不够，尤其是对品牌保护、发展资金投入不够，制约了区域品牌的健康成长、农业的多功能性发挥及集群产业链的完善。在农产品质检方面尚未建立完善、现代化的检测体系，再加上第三方检测缺失，导致特色农产品质量建设缺乏保障，“搭便车”的现象屡禁不止，缺乏监管，使得不良产品“挂羊头卖狗肉”，严重损害了农产品区域品牌的核心价值，对消费者的品牌忠诚也产生了很严重的负面影响。

6.2　新疆特色农产品区域品牌构建阻碍成因分析

6.2.1　缺乏科学的理论应用与指导

迄今为止，有关农产品区域品牌构建的相关研究十分丰富，学者们从不同的角度对农产品区域品牌构建过程中可能遇到的问题进行了详细的剖析，从区域品牌的行政机制，到区域品牌的效应影响，再到品牌的构建培育及区域品牌竞争力的提升都有所涉及。学者们也从不同视角对区域品牌的构建进行了分析，如基于文化视角、基于品牌价值提升、基于品牌竞争力提升、基于消费者感知价值等，但这些研究结论终究停留在纸上，没有很好地与实践相结合，在理论的应用上不足，在区域品牌的构建过程中，缺少科学的理论做指导，构建过程不科学，造成区域品牌构建的过程频频出错，没有科学的定位，没有合理的品牌构建。

6.2.2 品牌意识薄弱，品牌价值提升不足

随着地理标志产品品牌的申报以来，新疆特色农产品区域品牌的发展取得了一定的成绩，但从近年来的地理标志产品新注册和申报的数量发展趋势来看，近年来，新疆特色农产品在地理标志产品的注册和申报上呈现出下降的趋势，而同期中国的地理标志产品的申报数量有增无减，得出的结论是，各省市仍在大力发展各地特色农产品区域品牌的构建，而新疆在国家大力支撑农产品品牌发展、号召品牌强农之际，却有如此表现，凸显出了新疆品牌意识的薄弱，以及对品牌强化的严重不足。

新疆特色农产品区域品牌的发展对新疆农产品品牌竞争力的提升具有正向的促进作用，农产品区域品牌价值的提升对农产品竞争力的提升也有正向的促进作用，因此，强化新疆农产品区域品牌的发展、提升农产品区域品牌价值，是新疆农业竞争力提升的关键路径。对于新疆特色农产品区域品牌的发展而言，既要保证量的发展也要保证质的提升。区域品牌发展的规模效应是当一个地区的区域品牌数量发展到一定层级、品质达到一定层级时会引起质变，即形成区域品牌生态的整体升级，对区域内所有农产品品牌的发展、农产品竞争力的提升、农业竞争力的提升都将起到正向的推动作用。

6.2.3 区位劣势，产品竞争力低

形容一个地区的区位优势时经常会用到地大物博这个词，而这个词对于新疆而言有时候也恰恰是其劣势所在。新疆特色农产品除了具备一定的区位优势之外，也存在着相应的“区位劣势”，这些劣势对新疆特色农产品的运营阻碍性很强。其中最突出的问题便是交通运输问题，而造成交通运输难题的主要原因就是新疆的地理位置，以及“地大”这个特色。

第一，新疆远离出海口，农产品很难通过海运进行出口，对新疆特色农产品的出口有很大的影响，相对于距离出海口较近的农产品产区，新疆在出口方

面成本要高很多。

第二，虽然新疆毗邻多国，但毗邻国家经济相对落后，消费市场有限。

第三，新疆交通运输总值虽然不低，但平均到广袤的新疆大地上，其密度远远低于全国平均水平。

第四，新疆距离内地各大一线城市较远，远离主力消费群体，且由于距离过远，消费者对新疆特色农产品区域品牌的接受度也较低，从而导致新疆特色农产品的运输成本高、产品价格上升、品牌传播不足和产品竞争力下降。

6.2.4　经营主体不清，品牌管理混乱

农产品区域品牌建设是一个长期的过程，无法一蹴而就，需要在长期建设的过程中，不断地加强对品牌发展的全局规划。但从新疆特色农产品区域品牌的发展现状来看，当前，新疆特色农产区域品牌的构建虽然以政府为主导，但在实际的运营管理过程中，只有极少数的特色农产品区域品牌成立了制度全面、管理规范的农业协会等组织，对区域品牌的发展进行管理。

但在新疆特色农产品区域品牌建设过程中，政府部门介于其职能特色和身份的局限性以及在相关领域的非必要性，导致在农产品区域品牌的经营管理过程中，其最重要的职责应该是领导和指挥，并不是冲在一线充当管理者的角色，因此，培育和组建行业协会是农产品区域品牌管理过程中重要的一环。

6.3　本章小结

本章结合新疆特色农产品区域品牌的发展现状，从现状出发分析了其当前存在的诸多问题并探究了问题产生的原因，研究得出如下结论：

（1）当前新疆特色农产品区域品牌发展过程中主要存在以下问题：第一，区域品牌目标不明，定位模糊。导致消费者对农产品区域品牌的认知不足，从

而影响到品牌的感知质量及感知价值，最终影响品牌忠诚的形成。第二，区域品牌数量较少，品牌价值较低，使得本就缺乏竞争力的新疆特色农产品区域品牌雪上加霜。第三，市场运营状况不理想，品牌利用率低，市场竞争力较弱，抗风险能力不足。第四，品牌假冒导致品牌价值流失。

（2）导致新疆特色农产品区域品牌存在这些问题的原因：第一，缺乏科学的理论对实际的品牌构建环境进行应用与指导，构建流程有缺失，从而造成品牌构建环节忽视了品牌定位。第二，品牌意识薄弱，致使利益相关者对品牌的重视程度不足，从而导致在农产品区域品牌的构建过程中忽视了品牌建设，对已经建成的区域品牌的品牌价值提升的重视也不足。第三，区位劣势，产品竞争力低；区位上的客观条件虽然无法轻易改变，但产品竞争力的提升是可以通过优势的品牌管理来进行改善的。第四，经营主体不清，品牌管理混乱。

第7章　新疆特色农产品区域品牌构建的对策建议与保障机制

本章根据前文对当前新疆特色农产品区域品牌发展现状中存在的问题及成因的分析，结合“阿克苏苹果”区域品牌的发展案例，以提高新疆特色农产品区域品牌竞争力为目的，结合现实需求，对当前新疆特色农产品区域品牌构建过程中所面临的困境，提出相应的对策建议，并为农产品区域品牌建议的有效实施，提出了相应的保障机制的构建思路。

7.1　新疆特色农产品区域品牌对策与建议

在对策建议的提出方面，本书结合了现状及问题分析，但为了使建议的可操作性更高、集中性更好，在提出建议的过程中，本书以对象式的框架分别对新疆特色农产品区域品牌构建过程中的利益主体的角度——政府机构、行业协会组织、龙头企业、农户提出建议。

7.1.1　各利益主体要保持目标一致

依据利益相关者理论，经过研究讨论得出，新疆特色农产品区域品牌构建过程中涉及众多的利益相关者（利益主体），这些利益主体包括：政府部门、行业协会、龙头企业、农业合作社、种植农户。在调查中发现，由于不同的利益主体之间的利益诉求不同，在品牌的构建及运营过程中，利益诉求的差异甚至利益上的矛盾常导致各利益主体之间发生一定的冲突。而冲突的发生必然导致资源的浪费和效率的低下，甚至出现严重内耗的情形，得不偿失。因此，在新疆特色农产品区域品牌构建及发展过程中的第一条建议就是要强调各利益群体之间的协作问题，统一思想、统一目标，合作共赢，集中资源的优势效应，提高区域品牌的整体竞争力。因此，新疆特色农产品区域品牌体系框架内各利益主体间的目标是否与区域品牌构建的发展总体目标相一致，是当前在新疆特色农产品区域品牌构建中需要解决的核心问题，是新疆特色农产品区域品牌竞争力提升的关键。

如何促进新疆特色农产品区域品牌体系内各利益主体的协调统一，提高各主体间的合作共赢，减少由于利益不一致所造成的各种问题的发生？笔者认为，新疆特色农产品区域品牌构建体系中各利益主体目标不一致的主要原因是各主体部门间信息不对称。信息的不对称导致各主体在决策时往往从自身的利益出发产生利益冲突。而解决信息不对称则是解决各利益主体之间目标不一致的有效手段。

以此，构建高效的信息交流沟通平台，使各利益主体在做决策时能够信息透明，不要出现信息盲区，这是构建高效信息交流平台的基础。但信息的透明化又需要建立在各利益主体相互信任的基础上，从而同心协力，以区域品牌价值提升和可持续发展为总目标，共同努力，构建利益共同体，是解决这一问题的关键所在。因此，可以通过构建品牌联盟、利益联盟等方式来实现。而作为最具引导力和组织力的地方政府，更应该发挥政府的影响力，主导并主持相关联盟或平台的搭建，将行业协会、龙头企业、农业合作社、农户等统统联合起来，从而实现区域范围内资源的优化配置，实现目标的一致性，杜绝利益冲突现象的发生。

各利益主体还应强化品牌意识，用长远的眼光看待区域品牌的发展。一个品牌的建立不只是在品牌溢价上的凸显，更是全面质量管理的自我约束的开始。优异的强势品牌造福万代，产品品质是区域品牌构建过程中的关键因素。因此，强化品牌意识，以打造强势品牌为全体利益主体的根本目的，引导区域品牌体系中各利益主体的行动方向，打造强势农产品品牌优势，构建品牌核心竞争力，促进新疆特色农产品区域品牌的不断发展。

7.1.2　对地方政府的建议

在农产品区域品牌建设过程中，相对其他利益主体而言地方政府在引导品牌构建、制度服务和监督职能上更具备优势。因此，在强化新疆特色农产品区域品牌过程中，为提高农产品区域品牌竞争力，提高农业综合竞争力，促进农业增效、农民增收，促进乡村振兴、助力脱贫攻坚、全面决胜小康，地方政府应注重以下方面的工作：

（1）重视农产品区域品牌建设，深入开展品牌强农。中共中央、国务院连续8年在中央一号文件中强调创建强势农业品牌、创建特色农产品区域品牌，强化农业品牌，打造中国农业品牌。可见农业品牌、农产品区域品牌构建的重要性，因此，各地方政府应深入贯彻国家对农业品牌、农产品区域品牌的发展建议，积极践行，努力创新，围绕新疆农业产业优势、地域区位优势等先天的优势条件，以消费者需求为导向，创建强势农产品区域品牌，提高农业产业的核心竞争力，构建具有高感知价值、良好品牌形象的农产品区域品牌。

（2）明确区域品牌构建主体地位，维护品牌发展。政府职能具有先天的引导优势，且在区域品牌构建过程中，因缺乏品牌管理主体，造成品牌资产流失的案例不胜枚举，因此，政府要做好引导各利益主体的品牌构建工作，推动地区农产品区域品牌的创建与发展。

在市场运营过程中政府要能够学会授权，通过构建品牌联盟、行业协会等组织来进行区域品牌的运营管理。政府部门则要做好运营过程中的服务工作，提供平台、提供机遇，创造条件，激活各利益主体的主动性，维护品牌的良性发展。

（3）完善制度建设，维护农产品区域品牌权益不受侵犯。依靠法律的武器维护区域品牌的权益不受侵犯是在区域品牌维护过程中的最有效的措施。地方政府要充分发挥政府的监管职能，通过制度、法规、规范要求等具有强制力的政策来保护农产品区域品牌顺利发展。在监管过程中，政府也要积极利用行业协会等在品牌维护过程中的执行作用，通过行业协会准入门槛的设定以及法律的保驾护航，促进农产品区域品牌的维护。

（4）加强特色农产品区域品牌推广与宣传，提高区域品牌知名度。营销推广对消费者品牌偏好有正向的影响作用，加强农产品区域品牌宣传与推广，提高农产品区域品牌的知名度。做好农产品区域品牌的营销推介，充分利用农产品品牌大会、农业展会、农业博览会等重大平台，大力支持地方举办农业展销会，推动品牌营销等活动。

7.1.3 对行业协会的建议

行业协会是农产品区域品牌构建过程中的品牌管理主体，在农产品区域品牌的构建与发展过程中，行业协会的主要任务是制定协会准入机制、制定品牌使用规范方法、确定行业标准与制度、规范行业协会内会员的行为、加强各行业间的交流与培训、促进信息交流与传递、进行品牌追溯、提供品牌咨询服务、加强产品及品牌推广等，新疆特色农产品行业协会是由与生产、经营特色农产品相关的企业和个人依法成立的非营利性社会团体。

在对新疆“阿克苏苹果”行业协会的调查过程中发现，该协会的运作管理还是较为规范的，基本能够行使行业协会在区域品牌发展过程中的主要职责，维护农产品区域品牌的合法权益，有效地提高协会成员及该行业的基本利益，提升“阿克苏苹果”区域品牌的品牌价值和竞争力。在市场监管过程中，有效地进行打假，更好地保障了“阿克苏苹果”的品牌价值。因此，应该以“阿克苏苹果”行业协会为学习经验的对象，努力发挥行业协会在农产品区域品牌构建过程中的重要作用。

（1）发挥好行业规则制定者的作用，维护行业规范化运行。积极响应国家的政策法规，以品牌强农为中心，做好品牌发展规划，对区域品牌的使用及申领进行规范化管理，制定行业协会入会会员手册，保证会员严格遵守协会的规章制度，通力合作，加强行业协会内的协会会员的自我约束、自我监督与管理，规范市场行为，把树品牌、立信誉作为行业协会发展的根本，逐步形成良好的公众形象，维护市场行业的整体利益，促进农产品区域品牌的可持续发展。

（2）构建信息交流平台，促进协会成员间的有效沟通。行业协会具有先天性的平台优势，利用行业协会的平台可以促进行业中各部门的信息沟通与交流，通过协会进行有效的信息传递，将市场的信息、品牌的信息及时地向会员进行传递，将国家品牌强农政策建议及时地向协会会员传达，促进协会会员形成统一的品牌目标，统一行动，整合资源，促进农产品区域品牌的顺利构建。

（3）构建品牌追溯信息服务平台。追溯系统的构建是品牌维护的重要支撑手段，通过品牌追溯系统，能够迅速准确地鉴别品牌的真实性和可靠性，对品牌建设中防止假冒产品的出现有重要的意义。行业协会是区域品牌的直接管理主体，对区域品牌有着最权威的解释权力，因此，构建品牌追溯系统，形成规范的品牌使用及查询机制，能够促进良好的品牌生态的形成，对农产品区域品牌维护能够起到重要的支撑作用。

（4）加强特色农产品区域品牌营销与推广。充分利用网站、微信公众号等多媒体手段，加强区域品牌的宣传与推广。树立新疆优质的特色农产品区域品牌形象，推进新疆农产品区域品牌战略的实施。积极参与农业展览、农业贸易洽谈会、农业展销会、新产品发布会等，把握机会，充分进行品牌营销，提高品牌知名度。

7.1.4 对龙头企业的建议

龙头企业是特色农产品区域品牌构建体系的主要运用载体，在特色农产品区域品牌构建的框架中位于与消费者接触密切的最前端，是区域品牌构建过程中的感应器，能够最快速地对消费者对品牌的变化相应地做出回应。因此，龙头企业在农产品区域品牌构建过程中，应做好以下工作：

（1）积极配合协会工作，发挥带头作用。龙头企业的主要任务便是发挥带头和引领市场的作用，积极地配合行业协会以及政府部门的工作，促进农产品企业品牌价值的提升以及农产品区域品牌的可持续发展。

（2）构建品牌资产管理体系，维护品牌资产。要坚持以消费者需求为核心，制定品牌战略，开展企业业务。通过构建良好的品牌资产管理体系，实时监控区域品牌资产动向，结合消费者需求，及时调整品牌战略，以保证农产品区域品牌资产的不断积累，促进农产品区域品牌品牌资产的提升。

（3）构建全面质量管理体系。产品质量是企业生存的根本，产品质量是品牌发展的基石。产品质量对消费者的品牌喜好有正向的影响作用，龙头企业更应该做好产品质量管理，制定产品质量标准体系，用相同质量的产品，满足消费者需求，不会让质量有问题的产品影响到农产品区域品牌的品牌价值。

（4）做好品牌宣传及技术指导工作。“龙头企业 + 农户”的运营模式是较为常见的农业经营模式之一，这种经营模式使得企业和农户能够各司其职，在各自的专业领域中发挥最大的优势，企业做好产品、品牌的运营过程，农户做好产品的种植过程，分工协作。在这一过程当中，龙头企业需要重视对农户在种植技术上的指导，通过提供技术支持的方式，帮助农户提高农产品质量，促进农民增收，提高产品的竞争力。龙头企业在做好技术推广的同时，也要从企业的角度，极力地对农产品区域品牌进行推广，让更多的农户加入农产品区域品牌的体系中来，吸引更多的资源，形成产业优势，促进产业的升级与发展。

7.1.5 对农户的建议

在农户方面首先需要做的事情就是配合，农户要遵守行业协会的规定，按照企业的要求进行标准化的产品生产，保证产品的质量。其次是信任，信任是一切行动顺利开展的前提，没有信任，农户与企业之间的合作将会变成一种博弈，徒增内耗。

7.2 新疆特色农产品区域品牌保障机制

农产品区域品牌的可持续发展离不开相应的保证机制的支撑，良好的品牌发展环境条件、完善的品牌保障机制是农产品品牌发展中不可或缺的部分。

因此，在新疆特色农产品区域品牌构建过程中，要完善相关法律体系，要规范市场经营行为，要强力监管品牌使用，要维护利益主体的合法权益。

7.2.1 积极组建农产品区域品牌利益主体联盟

农产品区域品牌的发展离不开各相关利益主体的努力，任何一个单一主体都无法成功构建强势的特色农产品区域品牌。因此，农产品区域品牌的构建需要一个能够集合所有相关利益主体的联盟，其重点在于，联盟能够充分地联系该区域品牌所涉及的大部分的相关利益主体，主体联盟体系中包含了政府组织、行业协会、企业、农户甚至还应包含消费者。在这个利益主体联盟当中，为了满足所有利益主体的需要，他们需要通力协作，目标一致，努力构建强势的农产品区域品牌，不断地提高农产品质量，增强农产品区域品牌竞争力，增强农业竞争力，最终形成企业盈利、农民增收、产业升级、品牌认同、多方共赢的局面。而在现今的运营过程中，这种区域品牌利益主体联盟的运行模式并不是十分地令人满意。

7.2.2 构建农产品区域品牌追踪体系

构建农产品区域品牌的追踪体系，是为了能够及时准确地了解品牌的发展动态，并根据品牌的发展动态，结合科学合理的品牌诊断方法，分析判断品牌当前状态的优劣程度，根据农产品区域品牌的发展目标，结合消费者需求的变化，及时地对农产品区域品牌的发展战略做出调整，以保障农产品区域品牌的发展，不断提升区域品牌竞争力。

农产品区域品牌的追踪体系中应包含对品牌形象的追踪、对品牌感知价值的追踪、对品牌识别性的追踪、对品牌偏好度的追踪、对品牌认同的追踪、对品牌信任的追踪、对品牌忠诚的追踪等。其中品牌忠诚是品牌追踪的最终环节，不断提高消费者对农产品区域品牌的忠诚度也是品牌追踪体系构建的根本目的。

7.2.3 建立全面质量管理体系

全面质量管理，是对区域品牌发展全过程的管理，也是对区域品牌构建发展过程中质量的管理。不仅包括对产品质量的管理，也包括对管理体系的质量管理、对服务质量的管理等。质量管理离不开质量的认证、产品质量认证、管理质量认证。

全面质量管理体系的建立对农产品区域品牌的产品质量提升有促进作用，通过质量认证的产品，消费者的感知质量将会增强，从而促进感知价值的增强。通过质量认证后，消费者在选购特色农产品时将会降低消费者购买过程的交易成本，迅速做出产品质量判断，并进行购买决策。且质量认证也可以提升消费者对农产品区域品牌的质量信心，增强农产品区域品牌产品竞争力。

品牌的国际化需要质量认证、需要全面的质量管理。在国家市场交易过程中，只有通过了相关质量检验的产品才能出口，而通过相应质量认证的产品则可以免检，直接进行出口，这对国际市场竞争力的提升有巨大的促进作用，而只有进行了全面质量管理，才能有效、快速地通过产品、管理、服务等的质量认证。

7.2.4 建立完善品牌保护法律法规

完善的法律法规是有效保障农产品区域品牌顺利发展的重要前提。农产品区域品牌的公共属性以及农产品的高同质性，使得农产品区域品牌在运营过程中经常会出现滥用品牌、假冒品牌的现象。因此，通过健全完善相应的法律法规，用法律的武器保障农产品区域品牌的基本权益不受侵犯，是农产品区域品牌发展过程中的重要保障。而且相关法律法规的建立是维护农产品区域品牌权益、品牌打假等一系列主动防御机制的基础。在完善法律法规的同时，各利益主体也应加强品牌法律意识，行业协会结合法律法规的要求对农产品区域品牌使用主体加强监管，如遇不法行为，严格按照法律要求对其行为进行制裁，维护品牌权益不受侵犯，维护区域品牌价值不流失。

7.2.5　建立完善农产品区域品牌运营管理体系

农产品区域品牌的发展需要用心去经营，从前期的分析可以看到品牌运营的重要性。因此需要建立和完善农产品区域品牌运营管理体系，促进农产品区域品牌的高效运作。

对于品牌的运营管理体系而言，应包括区域品牌战略目标的制定、区域品牌优势特色选择、区域品牌运营管理系统以及区域品牌运营管理系统维护。其中区域品牌运营管理系统主要有品牌设计、品牌营销推广、品牌质量管理、品牌价值管理等。通过建立农产品区域品牌运营管理体系，将消费者需求与品牌战略制定相联系，使农产品区域品牌的发展能够紧紧围绕消费者的需求，使品牌的营销推广能够紧抓消费者的内心感知，使产品能够让消费者更加满意。抓住了消费者，即赢得了市场，从而增强消费者对区域品牌的认同，进而形成品牌忠诚，最终提升品牌竞争力，促进新疆农产品区域品牌的发展。

7.3　本章小结

本章针对新疆特色农产品区域品牌构建发展过程中的阻碍因素，结合现状，从实践出发，针对性地提出相对应的对策建议，从利益相关者的角度对新建特色农产品区域品牌构建中地方政府、行业协会、龙头企业及农户分别进行了针对性的建议。

（1）各利益主体要保持目标一致，合作共赢。

（2）地方政府要重视农产品区域品牌建设，深入开展品牌强农工作；要明确区域品牌构建主体地位，维护品牌发展；要完善制度建设，维护农产品区域品牌权益不受侵犯；要加强特色农产品区域品牌推广与宣传，提高区域品牌知名度。

（3）行业协会要发挥好行业规则制定者的作用，维护行业规范化运行；要构建信息交流平台，促进协会成员间的有效沟通；要构建品牌追溯信息服务平台；要加强特色农产品区域品牌营销与推广。

（4）龙头企业要积极配合协会工作，发挥带头作用；要构建品牌资产管理体系，维护品牌资产；要构建全面质量管理体系；要做好品牌宣传及技术指导工作。

（5）农户要遵守行业协会的规定，按照企业的要求进行标准化的产品生产，保证产品的质量。

并在此基础上，为保障特色农产品区域品牌构建及发展过程的顺利以及区域品牌的可持续发展，本书针对性地提出了新疆特色农产品区域品牌发展的保障机制：①建议积极组建农产品区域品牌利益主体联盟。②建议构建农产品区域品牌追踪体系。③建议建立全面质量管理体系。④建议建立完善品牌保护法律法规。⑤建立完善农产品区域品牌运营管理体系。

第 8 章　结论与展望

8.1　研究结论

第一，通过对农产品区域品牌构建的相关研究进行分类、整理及归纳总结，得出了特色农产品区域品牌构建的基本框架：品牌启动阶段；品牌定位阶段；品牌强化阶段；品牌维护阶段，并对各阶段运行的内在机制进行逻辑分析，最终形成了特色农产品区域品牌构建的三维模型。

第二，通过对新疆特色农产品区域品牌的现状进行分析，发现当前新疆地区的农产品区域品牌发展速度相对较慢，农产品地理标志申报数量出现下降趋势；新疆的高品牌价值的品牌数量较少；消费者对“阿克苏苹果”区域品牌的可识别性较差，品牌购买意愿较强。

第三，当前新疆特色农产品区域品牌发展过程中主要存在以下问题：①区域品牌目标不明，定位模糊，导致消费者对农产品区域品牌的认知不足，从而影响到品牌的感知质量及感知价值，最终影响品牌忠诚的形成。②区域品牌数量较少，品牌价值较低，使得本就缺乏竞争力的新疆特色农产品区域品牌雪上加霜。③市场运营状况不理想，品牌利用率低，市场竞争力较弱，抗风险能力不足。④品牌假冒导致品牌价值流失。导致新疆特色农产品区域品牌存在这些问题的原因是：①缺乏科学的理论对实际的品牌构建环节进行指导，构建流程有缺失，从而造成品牌构建环节忽视品牌定位。②品牌意识薄弱，致使利益相关者对品牌的重视程度不足，从而导致在农产品区域品牌的构建过程中忽视了品牌建设，对已经建成的区域品牌的品牌价值提升的重视也不足。③区位劣势，产品竞争力低，区位上的客观条件虽然无法轻易改变，但产品竞争力的提升是可以通过优势的品牌管理来进行改善的。④经营主体不清，品牌管理混乱。

第四，对策建议：①各利益主体要保持目标一致，合作共赢。②地方政府要重视农产品区域品牌建设，深入开展品牌强农；要明确区域品牌构建主体地位，维护品牌发展；要完善制度建设，维护农产品区域品牌权益不受侵犯；要加强特色农产品区域品牌推广与宣传，提高区域品牌知名度。③行业协会要发挥好行业规则制定者的作用，维护行业规范化运行；要构建信息交流平台，促进协会成员间的有效沟通；要构建品牌追溯信息服务平台；要加强特色农产品区域品牌营销与推广。④龙头企业要积极配合协会工作，发挥带头作用；要构建品牌资产管理体系，维护品牌资产；要构建全面质量管理体系；要做好品牌宣传及技术指导工作。⑤农户要遵守行业协会的规定，按照企业的要求进行标准化的产品生产，保证产品的质量。

第五，保障机制：①建议积极组建农产品区域品牌利益主体联盟。②建议构建农产品区域品牌追踪体系。③建议建立全面质量管理体系。④建议建立完善品牌保护法律法规。⑤建立完善农产品区域品牌运营管理体系。

8.2 研究局限及展望

研究的局限性：①研究过程中，对于特色农产品区域品牌构建模型的理论框架，仅构建了内部框架，缺少了外部环境对该理论模型影响的讨论与检验。②在对“阿克苏苹果”区域品牌的实证研究中，部分数据的获取采用的是访谈法和直接观察法，对研究结论的准确性产生了影响。③在忠诚度影响因素分析中，因素的确定还缺少科学的论断和验证。

研究展望：①通过对新疆特色农产品区域品牌的构建研究，构建了农产品区域品牌构建模型，外部因素对特色农产品的区域品牌的构建也会造成一定的影响，是值得进一步思考和深入研究的。②在分析农产品区域品牌利益主体之间的相互关系时，可以构建区域品牌的多方博弈模型深入讨论，探求各利益主体之间的博弈关系，为对策建议的提出提供更为科学、合理的依据。

参考文献

[1] Aaker D. A., Joachimsthaler E. Brand Leadership [M]. New York: The Free Press, 2000.

[2] Allen George. Place Branding: New Tools for Economic Development [J]. Design Management Review, 2007 (18): 60-68.

[3] Anholt S. NationBranding: A Continuing Theme [J]. Journal of Brand Management, 2002 (10): 59-60.

[4] Anholt S. The Anholt—GMI City Brands Index: How the World Sees the World's City [J]. Place Branding, 2006 (2): 18-31.

[5] Baltuch J. Brand Your City: A Rccipc for Succcss [EB/OL]. http: // www. Brandchanncl. com.

[6] Brubaker F. Free Ride, Free Revelation, or Golden Rule [J]. Journal of Law and Economics, 1975 (18): 147-161.

[7] Bruso S. Industrial Districts and Cooperation [M]. Geneve: ILO, 1990.

[8] Buchanan J. M. An Economic Theory of Clubs [J]. Economica, 1965, 32 (25): 1-14.

[9] Chaudhuri A. How Brand Reputation Affects the Advertising Brand Equity Link [J]. Journal of Advertising Research, 2002, 42 (5): 33-43.

[10] Chernatory D., McDonald. Creating Powerful Brands [M]. Oxford: Buderworth Heinermann, 1998.

[11] Cho J. W. Agro - Based Enterprise Development Clustering Approach [R] . Beijing, 2004: 1 -23.

[12] Clive H. , Richard J. Brand Governance: The Newagenda in Brand Management [J] . Journal of Brand Management, 2010 (17): 545 -547.

[13] Coase R. H. The Problem of Social Cost [J] . Journal of Law and Economics, 1960, 1 (3): 1 -41.

[14] Davis J. H. , Goldberg R. A. A Concept of Agribusiness [M] . Boston: Harvard University, 1957.

[15] Demsetz H. Private Production of Public Goods [J] . Journal of Law and Economics, 1970 (13): 293 -306.

[16] Dooley G. , Bowie D. Place Brand Architecture: Strategic Management of the Brand Portfolio [J] . Place Branding, 2005, 1 (4): 402 -419.

[17] Forrester J. Industrial Dynamics [M] . Cambridge: MA: MIT Press, 1961.

[18] Gardner B. B. , Levy S. J. The Product and the Brand [J] . Harvard Business Review, 1955 (3): 33 -39.

[19] Gilmore F. A Country Can I Be Repositioned? Spain the Success Story of Country Branding [J] . Journal of Marketing Research, 2002 (8): 281 -293.

[20] Glaser B. G. , Strauss A. The Discovery of Grounded Theory: Strategies for Qualitative Research [M] . Chicago: Aldine Press, 1967.

[21] Goldin K. D. Equal Access VS Selective Access: A Critique of Public Goods Theory [J] . Public Choice, 1979 (29): 53 -71.

[22] Granovetter M. Economic Action and Social Structure: The Problem of Embeddedness [J] . American Journal of Sociology, 1985, 91 (3): 481 -510.

[23] Hankinson G. Location Branding: A Study of the Branding Practices of 12 English Cities [J] . Journal of Brand Management, 2001 (9): 127 -142.

[24] Israel D. Nebenzahl, Eugene D. Jaffe, Bahtisen Kavak. Consumers'

Punishment and Rewarding Process via Purchasing Behavior [J]. Teaching Business Ethics, 2001, 5 (3): 283 -305.

[25] Kevin Lane Keller. 战略品牌管理（第三版）[M]. 卢泰宏，吴水龙，译. 北京：中国人民大学出版社，2009.

[26] 白朋飞. 乡村振兴背景下郑州市农产品品牌竞争力提升策略研究 [J]. 技术与市场，2020，27 (1)：195 -196.

[27] 曹鹤. 新疆特色农产品品牌竞争力研究——基于迈克尔·波特钻石模型 [J]. 山西农业大学学报（社会科学版），2012，11 (11)：1135 -1139.

[28] 曹立群. 舟山特色农产品区域品牌建设研究 [D]. 浙江海洋大学，2017.

[29] 陈东. 不同广告诉求方式下的消费者品牌感知价值与品牌认同的关系研究 [D]. 西南财经大学，2014.

[30] 陈昊博. 农产品地理品牌保护的法律经济分析 [J]. 农家顾问，2014 (13)：109.

[31] 陈锦霞. 河南省农产品区域品牌发展研究 [D]. 西南大学，2018.

[32] 陈堃辉. 福建省农产品区域品牌的效应研究 [D]. 福建农林大学，2018.

[33] 陈秋红，赵瑞安. 区域品牌的特性与发展策略 [J]. 商业时代，2008 (13)：31 -34.

[34] 陈先锋. 河南省农产品区域品牌战略对商贸流通的影响及建议 [J]. 商业经济研究，2017 (13)：112 -114.

[35] 陈香，郭锐，Cheng Lu Wang，汪涛，周南. 残缺的力量——励志品牌故事人设健全性对消费者品牌偏好的影响 [J]. 南开管理评论，2019，22 (6)：4 -15.

[36] 陈杏梅. 提升特色农产品区域品牌竞争力的实践与思考 [J]. 当代农村财经，2019 (5)：47 -50.

［37］陈亚会．新疆特色农产品品牌竞争力提升研究［D］．新疆石河子大学，2014.

［38］陈一平．漳浦大葱区域品牌新媒体传播策略研究［D］．福建农林大学，2018.

［39］程燕，金山，李晓红，孙天罡．基于产业集群视角的新疆农产品区域品牌研究——以精河枸杞为例［J］．农业展望，2015，11（2）：28－33.

［40］戴笑．农产品区域品牌建设中的政府职能研究［D］．江西农业大学，2019.

［41］丁晓晶．农业产业集群与农产品区域品牌互动分析［J］．通化师范学院学报，2012，33（7）：80－82.

［42］丁勇，肖金川，朱俊红．社会化媒体对品牌偏好的影响研究：基于顾客感知价值的视角［J］．运筹与管理，2017，26（6）：176－184.

［43］董方旭．特色农产品的优势及发展研究——基于对河南西峡猕猴桃的调研［J］．内江科技，2018，39（10）：131－132.

［44］董敏．品牌认同度、知名度对笔记本电脑品牌忠诚度的影响［D］．中南民族大学，2012.

［45］杜航．我国农产品区域品牌的形成过程与运行机制［J］．农业经济，2019（4）：137－138.

［46］范公广，孟飞．区域形象、区域文化认同与农产品区域品牌购买行为——情景因素的调节作用［J］．江苏农业科学，2018，46（23）：416－422.

［47］范公广．农产品品牌保护策略探析［J］．江苏商论，2012（11）：3－5＋10.

［48］范公广．新疆兵团农业产业化龙头企业品牌营销策略探析——国外品牌资产理论的启示［J］．新疆农垦经济，2012（2）：30－34.

［49］范力勇．农产品区域品牌构建的问题与方略［J］．开放导报，2018

(5)：93－95.

［50］范柱柱，丁宇，刘大炜．新疆特色农产品区域品牌形成机制与营销模式研究——以新疆哈密瓜为例［J］．中国市场，2019（3）：125－127.

［51］冯居君．基于顾客价值下的农产品区域品牌建设思路［J］．乡村科技，2018（24）：38－39.

［52］甘琼．安徽省农产品区域品牌建设现状与对策研究［D］．海南大学，2017.

［53］高航．关于保护和发展公共品牌的思考［J］．大众标准化，2007（12）：48－50.

［54］高小梅．“洛川苹果”品牌运营中地方政府的职能研究［D］．延安大学，2019.

［55］葛深渭．农产品区域品牌竞争力提升与地方政府公共服务供给——以“洞源牌”源东白桃为个案［J］．社科纵横（新理论版），2013，28（4）：90－93.

［56］韩丽娜．河南省农产品区域品牌竞争力提升的对策分析［J］．农业经济，2019（3）：128－130.

［57］何吉多，朱清海，李雪．基于产业集群的农产品区域品牌生成机理研究［J］．乡镇经济，2009，25（1）：103－107.

［58］何有良，陈燕丽，张丝雨．供给侧改革视角下广西农产品区域品牌发展研究［J］．安徽农业科学，2019，47（17）：262－265.

［59］何增武．当地特色农产品区域品牌建设策略探究［J］．南方农业，2019，13（2）：147＋149.

［60］侯淑霞，陈佳琪．产品功能价值对品牌忠诚度的影响研究——基于品牌伦理、品牌信任的中介作用［J］．财经理论研究，2019（3）：76－85.

［61］侯兴军，孙文华．农产品区域品牌推动产业集群转型升级机制研究［J］．乡镇经济，2009，25（11）：68－71.

［62］黄祥芳，欧阳胜．湘西地区农民合作社参与农产品区域品牌建设研究［J］．合作经济与科技，2018（22）：85－87.

［63］黄星星，印睿，阳高峰．湖南以产业扶贫打造湘西农产品区域品牌［J］．中国质量万里行，2019（6）：85.

［64］冀农宣．我省全面提升农业质量和效益［J］．河北农业，2018（1）：6－8.

［65］姜飞．安徽省地理标志农产品与农业经济发展关系研究［D］．安徽农业大学，2018.

［66］蒋利．广元市昭化区猕猴桃溃疡病发生及防治对策［J］．农家参谋，2018（12）：68.

［67］蒋晓岚．基于产业化示范区的区域农产品品牌建设途径研究——以六安茶谷为例［J］．中共合肥市委党校学报，2017（3）：24－29.

［68］金镛准，李东进，朴世桓．原产国效应与原产地效应的实证研究——中韩比较［J］．南开管理评论，2006（2）：44－51.

［69］金宇，降春雯，李兆隆．山西省农产品品牌建设发展现状及对策建议［J］．河北农业，2018（12）：60－62.

［70］酒志玉．济源市品牌农业发展对策研究［D］．浙江海洋大学，2018.

［71］孔靓，李锡元，王艳娇．MBA 品牌感知质量对职业经理人角色认同的影响研究［J］．华中师范大学学报（人文社会科学版），2017，56（1）：48－56.

［72］李大垒，仲伟周．农民合作社、农产品区域品牌与乡村振兴［J］．深圳大学学报（人文社会科学版），2019，36（6）：118－125.

［73］李丹．农产品区域品牌建设与地方政府职能研究［D］．南京师范大学，2017.

［74］李丹妮．社会性消费如何影响品牌形象？［D］．武汉大学，2015.

［75］李德立，宋丽影．农产品区域品牌竞争力影响因素分析［J］．世界

农业，2013（5）：85 –90 +155.

［76］李飞，刘茜．市场定位战略的综合模型研究［J］．南开管理评论，2004（5）：39 –43.

［77］李光斗．品牌竞争力与企业核心竞争力［J］．中国质量与品牌，2005（3）：58 –61.

［78］李桂华，杨萍，郑帅．要素品牌感知价值对消费者重购意向的影响——以品牌信任为中介的实证研究［J］．管理现代化，2019，39（1）：70 –73.

［79］李宏英．农产品区域品牌建设研究——以上虞红心猕猴桃为例［J］．现代经济信息，2018（16）：343 –344.

［80］李惠璠，穆琳．SMM 对品牌忠诚的影响——基于品牌信任的视角［J］．商业经济研究，2016（12）：44 –47.

［81］李家乐．高星级酒店品牌信任对品牌忠诚的影响研究［D］．湖北大学，2016.

［82］李静．内蒙古农产品区域品牌发展研究［D］．内蒙古农业大学，2017.

［83］李凯伦，宋克彬．延边大米品牌竞争力分析［J］．延边大学农学学报，2017，39（4）：101 –106.

［84］李克勤．山西省特色农产品区域品牌建设与保护研究［D］．山西农业大学，2018.

［85］李莉．农产品品牌信任模型与营销建议——基于感知价值的视角［J］．开发研究，2015（2）：60 –63 +69.

［86］李娜．品牌形象、价格和产品属性对感知质量的影响［D］．南京大学，2012.

［87］李小红，宁夏，黄艳芳，孔令孜，于平福．精准扶贫视角下广西特色农产品区域品牌培育对策分析［J］．农村经济与科技，2018，29（19）：

190－194.

［88］李小侠．区域农业形象品牌及其发展路径研究［J］．安徽农业科学，2019，47（15）：234－237.

［89］李晓丹．品牌认同、品牌体验与品牌忠诚的关系研究［D］．山东理工大学，2015.

［90］李琰，傅强．西北欠发达地区农产品区域品牌问题研究——以甘肃为例［J］．商业经济，2019（9）：110－112.

［91］李祝青．鱼台县龙虾区域品牌发展研究［D］．山东农业大学，2019.

［92］李子键，朱战国．国内消费者本地食品购买意愿形成机理研究——基于感知质量和感知价值的视角［J］．世界农业，2017（8）：210－216.

［93］连漪，姜营．区域旅游品牌发展及品牌价值提升策略——基于桂林旅游地品牌建设的思考［J］．企业经济，2013，32（2）：122－126.

［94］梁刚，彭刚，赵岩峰．打造品牌与增强林果产品市场优势问题研究［J］．中国林业经济，2017（5）：68－70.

［95］林冠颖．江西省农产品区域品牌发展现状［J］．农村实用技术，2019（6）：90－91.

［96］林唐校，李广培．绿色农产品区域品牌建设研究——以福建盛耳食品有限公司银耳产品为例［J］．物流工程与管理，2018，40（9）：132－135.

［97］凌伽．生态农产品品牌形象对品牌信任的影响研究［D］．江西师范大学，2018.

［98］刘兵．基于扎根理论的农产品区域品牌建设研究［D］．中南民族大学，2018.

［99］刘丰波，戴永务，蒋乾兴．纵向差异下农产品区域品牌合作建设动力机制研究［J］．产业组织评论，2019，13（2）：141－157.

［100］刘海安．建昌县打造农业品牌建设五年规划［J］．现代农业，2019（2）：67.

［101］刘洪洋．青岛市农产品品牌发展现状及存在问题研究［J］．农技服务，2016，33（18）：168＋188.

［102］刘丽，周静．基于产业集群农产品区域品牌建设的几点思考［J］．农业经济，2006（11）：52－53.

［103］刘世欣．保护和开发农产品的区域品牌和产地品牌［J］．吉林农业，2011（9）：35.

［104］刘婷．河南省农产品区域品牌与合作社协同发展策略研究［J］．农业经济，2017（2）：71－73.

［105］刘婷．农产品区域品牌演化路径研究［J］．山东农业工程学院学报，2019，36（9）：8－12.

［106］刘婷．乡村振兴战略下农产品区域品牌培育与发展研究——以新郑枣业为例［J］．江苏商论，2019（9）：3－7.

［107］刘婷．影响农产品区域品牌形成的要素评价——以河南省为例［J］．江苏农业科学，2016，44（8）：527－531.

［108］刘益星，姬孟丹．产业集群视角下我国农产品区域品牌创建与培育研究［J］．黑龙江农业科学，2018（12）：123－126.

［109］娄向鹏．农产品区域品牌建设进入联合体时代［J］．农经，2018（12）：42－46.

［110］罗纪宁，黄萍．有机农产品区域品牌发展战略研究——基于有机农产品区域品牌模型［J］．品牌研究，2016（6）：89－96.

［111］罗萧，蒋明华．内容营销、品牌认同与消费者品牌忠诚［J］．商业经济研究，2019（23）：73－76.

［112］马红．特色农产品区域品牌对消费者感知质量的影响［J］．农业经济，2018（3）：143－144.

［113］马嫚，赵文．桂东南农产品区域品牌建设策略——基于 SWOT 分析［J］．经营与管理，2018（11）：103－105.

［114］马乾．兰州市民对汽车品牌偏好情况调查［J］．甘肃科技，2018，34（22）：100－101.

［115］马清学．“信阳毛尖”茶区域品牌保护与推广研究［J］．农业经济，2009（2）：91－92.

［116］马硕，马尚平．互联网下农产品区域品牌建设的机遇与对策［J］．农村经济与科技，2018，29（1）：9－11.

［117］聂昌腾．区域品牌视域下农产品线上销售策略探讨［J］．台湾农业探索，2018（1）：48－51.

［118］农新．“联合体”时代到来　农产品“名声大振”［J］．农村新技术，2018（9）：4－7.

［119］欧阳春风，许安心．互联网时代农产品区域品牌传播策略研究［J］．湖北文理学院学报，2016，37（8）：63－66.

［120］潘燕．农产品区域品牌建设研究［J］．中国管理信息化，2019，22（6）：119－120.

［121］裴蓉，张平淡．公共品牌初探［J］．北京理工大学学报（社会科学版），2006（1）：55－57.

［122］祁旭，马尚平．农产品区域品牌建设研究［J］．农村经济与科技，2018，29（5）：215－217.

［123］钱琳刈．云南省农产品区域品牌发展探索［J］．全国流通经济，2019（9）：3－5.

［124］秦秀峰．重视农业知识产权工作　促进呼伦贝尔市绿色农产业发展［J］．内蒙古科技与经济，2018（3）：27－28.

［125］尚豫新．新疆特色农产品区域品牌建设研究［D］．山东大学，2019.

［126］邵长凤，师东菊，张洋，杨嘉琳，田昔玉．基于“互联网＋”背景下保健品营销市场现状及策略研究［J］．中国市场，2018（5）：127－128.

［127］邵景波，李泽昀，高子强．奢侈品母品牌价值感知对延伸品购买意愿的影响——顾客满意和品牌信任的链式中介作用［J］．预测，2019，38（3）：38－44.

［128］邵伟．原产地形象对消费者品牌忠诚的影响研究［D］．新疆石河子大学，2018.

［129］沈占波，杜晓静．浅析企业品牌竞争力的提升策略［J］．企业经济，2005（4）：57－58.

［130］沈占波．品牌竞争力的理论基础分析［J］．商业研究，2005（22）：46－48.

［131］沈正舜，张言彩．淮安农产品区域品牌形象影响因素的实证研究［J］．商场现代化，2017（21）：10－12.

［132］沈正舜，张言彩．农产品区域品牌标识与消费者购买意愿：理论分析与实证检验［J］．淮阴师范学院学报（哲学社会科学版），2017，39（4）：420－425＋432.

［133］宋蕾，李道和．农产品区域品牌建设中地方政府面临的困境——以江西省茶叶品牌为例［J］．农村经济与科技，2016，27（5）：147－150.

［134］宋蕾．农产品区域品牌整合中地方政府职能研究［D］．江西农业大学，2017.

［135］宋丽影．农产品区域品牌竞争力评价研究［D］．东北林业大学，2013.

［136］宋伟男．大兴安岭地区农产品区域品牌发展研究［D］．吉林农业大学，2017.

［137］孙鸿雁，张宇，王敬元，董擎辉，王红蕾，姜莹，何晶丽，李金霞．黑龙江省大米品牌化发展现状与实现路径［J］．农业展望，2018，14（12）：84－86.

［138］孙延红，许可，綦远超．农产品区域品牌发展及价值提升策略——

基于模糊评价法和博山猕猴桃评价［J］．中国统计，2017（12）：43－44.

［139］孙艺榛，郑军．农产品区域公用品牌建设文献综述［J］．农村经济与科技，2018，29（1）：6－8＋17.

［140］谭蔓玲．农户农资品牌忠诚的形成机制［D］．华中农业大学，2013.

［141］谭昭辉．江西省农产品区域品牌整合绩效研究［D］．江西农业大学，2017.

［142］汤跃，孙智．基于知识产权产业化背景下的贵州农产品地理标志品牌研究［J］．贵州师范大学学报（社会科学版），2013（6）：59－67.

［143］唐停停，黄延龙．河南省农产品区域品牌建设问题与对策研究——基于新郑大枣竞争力研究［J］．乡村科技，2019（14）：44－45.

［144］陶启威，李宛骐，吴仪，陈文琼，刘东贺，李铮，钱春桃．农产品区域品牌知晓度调研分析——以江苏省常熟市为例［J］．安徽农业科学，2019，47（5）：254－256.

［145］田丽丽，赵珺．基于农业供给侧改革视角下句容农产品品牌建设与发展［J］．市场周刊，2018（9）：63－64＋71.

［146］田梦婷．“一带一路”倡议下新疆生产性服务业的税收效应研究［J］．新疆职业大学学报，2017，25（4）：31－35.

［147］童兵兵，王水嫩．传统区域品牌保护不力的原因及对策——以金华火腿品牌危机为例［J］．浙江树人大学学报，2005（4）：37－40.

［148］汪文忠．互联网下农产品区域品牌建设研究［J］．上海农村经济，2018（7）：32－34.

［149］王策．农业产业集群与农产品区域品牌竞争力提升策略探析［J］．农家参谋，2019（2）：18.

［150］王丰阁．龙头企业在农产品区域品牌建设中的策略——基于“智猪博弈模型”［J］．当代经济，2014（15）：88－89.

[151] 王海忠．品牌管理［M］．北京：清华大学出版社，2014.

[152] 王海忠，赵平．品牌原产地效应及其市场策略建议——基于欧、美、日、中四地品牌形象调查分析［J］．中国工业经济，2004（1）：78－86.

[153] 王洁，张晓霞．便利店品牌形象对消费者购买意愿的影响——基于品牌认同的视角［J］．高等财经教育研究，2018，21（3）：80－85.

[154] 王丽杰．日本农产品区域品牌保护制度分析［J］．世界农业，2014（11）：59－62.

[155] 王蔺景，龚彦羽，何晓睿．崇州市农产品区域品牌建设现状研究［J］．农村经济与科技，2017，28（23）：190－194.

[156] 王明昊，徐俊昌．论地方政府在农产品区域品牌建设中的作用［J］．科技经济市场，2017（7）：112－113.

[157] 王仁强，徐杰，岳书铭，郑军．农产品品牌化责任主体及其定位研究［J］．山东农业大学学报（社会科学版），2018，20（2）：69－74.

[158] 王仁强，徐杰．农产品品牌化责任主体职责研究［J］．农业经济与管理，2018（3）：19－26.

[159] 王万柱，王虹蔺，姚佳．基于产业集群视角下安徽省区域农产品品牌建设问题研究［J］．农村经济与科技，2016，27（21）：178－181.

[160] 王伟伟．乐陵金丝小枣区域品牌价值提升策略研究［D］．山东师范大学，2019.

[161] 王文隆，王成军．基于竞争型制造商创新投入的零售商需求预测信息共享研究［J］．中国管理科学，2020，28（8）：127－138.

[162] 王旭旭，王可为，孟焉．农产品区域品牌创建探讨［J］．河北农业，2017（9）：55－57.

[163] 王志刚，谭梦琳，包书政．日本农产品区域品牌保护制度及其启示［J］．中国农学通报，2010，26（16）：63－67.

[164] 王智杰．福建农产品区域品牌发展研究［D］．福建农林大

学，2017.

［165］魏琦茜．品牌形象对品牌忠诚度的作用机制研究［D］．上海外国语大学，2019.

［166］吴蓓蓓，谌俊坤．中国与欧盟碳金融的发展现状及比较研究［J］．中外企业家，2018（13）：209－210.

［167］吴坚，符国群．品牌来源国和产品制造国对消费者购买行为的影响［J］．管理学报，2007（5）：593－601.

［168］吴江海．特色产业离不开龙头带动品牌驱动［N］．安徽日报，2019－05－14（5）.

［169］吴菊安．产业集群与农产品区域品牌建设［J］．农村经济，2009（5）：39－41.

［170］吴肖肖，陈树林．东营市特色农产品区域品牌建设研究［J］．乡村科技，2017（35）：25－26.

［171］夏礼祝．江苏特色农产品区域品牌：形成机理、建设现状与发展对策［J］．太原城市职业技术学院学报，2019（8）：12－15.

［172］夏秋耘，胡华宏，孙羽辰．“丽水山耕”农产品区域公用品牌创建的成功做法及启示［J］．宁波经济（三江论坛），2017（7）：46－48.

［173］肖蓉．地方优势农产品区域品牌建设［J］．湖南农业科学，2018（8）：96－99.

［174］肖蓉．我国农产品区域品牌研究综述［J］．新西部（理论版），2016（17）：21＋56－57.

［175］肖雪锋．农产品区域品牌该如何建设、维护和发展［J］．人民论坛，2017（18）：86－87.

［176］谢湘泉．产业集群背景下农产品区域品牌建设探究［J］．现代商业，2018（18）：56－57.

［177］谢湘泉．农产品区域品牌风险预警与控制研究［J］．赤峰学院学

报（汉文哲学社会科学版），2018，39（9）：79 - 81.

［178］谢湘泉．农产品区域品牌形成机制与价值提升研究［J］．信阳农林学院学报，2019，29（3）：54 - 55 + 58.

［179］辛璐琦，王兴元．旅游目的地品牌形象识别要素对游客行为意愿的影响机制研究——以品牌认同为中介［J］．商业经济与管理，2016（10）：88 - 97.

［180］熊元斌，吕丹．旅游地品牌认同与旅游者忠诚关系的实证研究框架建构［J］．武汉商学院学报，2014，28（6）：5 - 10.

［181］熊元斌，吕丹．品牌依恋的形成机制与营销效应：一个整合性分析框架［J］．华东经济管理，2015，29（10）：139 - 145.

［182］徐明．乡村振兴战略背景下吉林省农产品区域品牌培育路径［J］．税务与经济，2019（6）：106 - 110.

［183］徐兴兵．供给侧改革下的农产品区域品牌构建研究［J］．当代经济，2019（12）：103 - 105.

［184］徐兴兵．农民专业合作社联合下我国农产品区域品牌构建与运行机理［J］．改革与战略，2018，34（2）：102 - 105.

［185］许晖，薛子超，邓伟升．区域品牌生态系统视域下的品牌赋权机理研究——以武夷岩茶为例［J］．管理学报，2019，16（8）：1204 - 1216.

［186］许可．淄博市农产品龙头企业网络权力对区域品牌成长影响的研究［D］．山东理工大学，2018.

［187］许强．企业如何培养消费者的品牌偏好［J］．连云港职业大学学报，1996（3）：51 - 52.

［188］薛桂芝．地方政府在创建农产品区域品牌中的重要作用［J］．安徽农业科学，2012，40（23）：11876 - 11878 + 11881.

［189］薛永基，白雪珊，胡煜晗．感知价值与预期后悔影响绿色食品购买意向的实证研究［J］．软科学，2016，30（11）：131 - 135.

［190］薛永基，胡煜晗，白雪珊．自然游憩品牌游客认知、感知价值与品牌忠诚［J］．商业研究，2017（7）：1－8.

［191］薛永基，孙宇彤．游客对自然游憩品牌认知、感知质量与品牌忠诚的关系研究——以北京市为例［J］．资源科学，2016，38（2）：344－352.

［192］杨佳利．农产品区域品牌对消费者感知质量的影响——以消费者产品知识、介入度和来源地为调节变量［J］．湖南农业大学学报（社会科学版），2017，18（1）：15－22.

［193］杨雪莲，胡正明．区域品牌形成和成长二阶段理论模型与实证［J］．统计与决策，2012（7）：48－51.

［194］杨艳，杨文选．农产品区域公用品牌不同发展阶段地方政府的角色分析［J］．农村经济与科技，2018，29（3）：161－164.

［195］杨燕曦．基于博弈论视角的农业电商区域品牌建设［J］．经济数学，2017，34（1）：89－92.

［196］杨阳，邓楚楚，戴俊．新媒体时代农产品区域品牌传播策略研究——以“靖州杨梅”为例［J］．东方企业文化，2018（S2）：13－14.

［197］杨洋．大型综合超市自有品牌感知价值对消费者购买意愿影响研究［D］．山西财经大学，2019.

［198］杨仲．做强品牌，让苏州农产品走得更好［N］．苏州日报，2019－06－20（A06）．

［199］姚春玲，王红姝，李秀梅．基于农业产业集群的农产品区域品牌竞争力提升研究［J］．改革与战略，2014，30（1）：68－71.

［200］姚春玲．基于农业产业集群的农产品区域品牌竞争力提升机制分析［J］．中国管理信息化，2013，16（15）：38－40.

［201］易俊松．仿生视角下的吉林省农产品区域品牌传播模式研究［D］．吉林大学，2018.

［202］于龙．绿色农产品品牌形象对消费者购买意愿的影响研究——感

知价值的中介作用［D］．兰州财经大学，2017.

［203］余云珠．产业融合视角下农产品区域品牌发展路径探究［J］．商业经济研究，2019（23）：127－130.

［204］俞燕．传统农业转型升级提质增效的关键驱动因素分析——基于区域品牌建设视角［J］．企业导报，2016（19）：104－105.

［205］俞燕．传统特色农产品区域品牌影响下中小企业品牌发展策略研究——以“吐鲁番葡萄”品牌为例［J］．价值工程，2019，38（35）：78－80.

［206］袁胜军，胡甲滨，韩一朋．品牌认知与品牌信任：基于品牌感知因素的中介作用［J］．商业经济研究，2020（2）：70－73.

［207］云靖．汽车品牌感知质量及对顾客忠诚影响研究［D］．南京财经大学，2013.

［208］张澄．感知价值对手机品牌用户忠诚度的影响［D］．陕西师范大学，2019.

［209］张大亮，邢以群．品牌管理的一种分析方法——品牌偏好指数分析法［J］．中华商标，2000（1）：36－37.

［210］张浩．品牌形象、顾客认同对顾客公民行为的影响［D］．山西财经大学，2018.

［211］张慧．关于顾客价值下农产品区域品牌建设方法分析［J］．山西农经，2018（11）：5－6.

［212］张磊．吉林省大米区域品牌建设问题研究［J］．农村经济与科技，2019，30（18）：136－137.

［213］张茂伟，蓝天，杨嘉琪．区域品牌价值提升路径——制度规范下集群企业与展会协同的视角［J］．商业经济研究，2018（16）：63－66.

［214］张巧珍．区域茶产业文化构建模式研究［J］．南方论刊，2016（12）：82－84.

［215］张淑珺．电商环境下基于原产地形象的特色农产品品牌信任研究

［D］．合肥工业大学，2019.

［216］张涛，王宗水，赵红．新疆农产品区域品牌发展战略研究［J］．乌鲁木齐职业大学学报，2018，27（1）：15－18＋22.

［217］张亚玲．不同媒体下感知价值对品牌认同影响的实证研究［J］．企业经济，2017，36（3）：42－47.

［218］张亚玲．用户体验对网络自媒体品牌认同影响的实证研究［J］．广西经济管理干部学院学报，2017，29（4）：51－59.

［219］张志明．打造微型无人便利店，助推农产品区域品牌化［J］．农村·农业·农民（B版），2017（12）：53－55.

［220］赵恩北．零售品牌形象、感知价值与消费者惠顾行为关系探讨［J］．商业经济研究，2019（22）：74－77.

［221］赵芳仪．基于统计调查问卷的大学生手机使用品牌偏好研究［J］．中国商论，2019（17）：232－234.

［222］赵俊巍．高原特色农产品区域品牌建设及发展策略研究［D］．云南师范大学，2017.

［223］赵珺．农产品区域品牌建设的困境以及对策——以江苏省句容市为例［J］．经济师，2018（7）：38－39.

［224］赵晓玲，赵艳．基于顾客价值的寒地黑土农产品品牌竞争力评价研究［J］．佳木斯大学学报（自然科学版），2019，37（4）：651－654.

［225］赵毅．品牌权益视角下我国民航业旅客服务质量感知与品牌忠诚相关性研究［D］．电子科技大学，2012.

［226］赵赟，李荣日．职业网球赛事品牌形象对品牌忠诚影响研究：感知价值和信任的中介效应［J］．沈阳体育学院学报，2019，38（5）：62－70.

［227］郑琼娥，许安心，范水生．福建农产品区域品牌发展的对策研究［J］．福建论坛（人文社会科学版），2018（10）：197－202.

［228］郑文清，胡国珠，李玮玮．公众气象服务品牌形象、感知质量对

公众满意度影响的实证研究——基于移动互联网时代［J］．中国集体经济，2018（3）：66－67.

［229］周华．基于农产品区域品牌创建的政府职能定位研究——以江苏沿海欠发达地区为例［J］．中国市场，2009（41）：45－48.

［230］周绪元，王梁，苗鹏飞，赵锦彪，卢勇．沂蒙特色农产品区域公用品牌构建模式与提升策略探讨［J］．江西农业学报，2016，28（9）：107－111.

［231］周绪元，王梁，苗鹏飞，赵锦彪，卢勇．沂蒙特色农产品区域公用品牌构建模式与提升策略探讨［J］．江西农业学报，2016，28（9）：107－111.

［232］朱凌，王盛，陆雄文．中国城市消费者的中外品牌偏好研究［J］．管理世界，2003（9）：122－128.

［233］邹婷婷．农产品区域品牌形象和企业有机品牌形象对有机品牌信任的影响［D］．广东外语外贸大学，2018.

附录A　调查问卷

关于农产品区域品牌“阿克苏苹果”的调查问卷

尊敬的先生/女士：

您好！这是一份旨在了解新疆“阿克苏苹果”农产品区域品牌的调查问卷。您所填写的所有资料（我们采取匿名调查），仅供学术研究使用，我们将严格保密，请您放心填写。问卷中的选项没有对错之分，希望您抽出10分钟宝贵时间，在阅读此调查问卷后请您按您的真实感知填写即可。请您注意不要有遗漏，以免成为无效问卷，非常感谢您的参与和支持！

填表者基本信息

1. 您的性别：A. 男　　B. 女

2. 您的年龄：A. 18岁以下　　B. 18~35岁　　C. 36~60岁　　D. 60岁以上

3. 您的受教育程度：A. 小学或初中　　B. 高中或中职院校　　C. 大专或本科　　D. 研究生及以上

4. 您的职业：A. 国家公务员、企事业单位　　B. 学生　　C. 自由职业者

D. 军人　　E. 其他

5. 您的月收入：A. 1000 元以下　　B. 1000 ~ 3000 元　　C. 3001 ~ 5000 元　　D. 5001 ~ 7000 元　　E. 7000 元以上

6. 您所在的地区是：________（省份/直辖市）

7. 您是否购买过“阿克苏苹果”：A. 购买过　　B. 没有

问卷一

问卷以农产品区域品牌“阿克苏苹果”为研究对象，对消费者偏好进行测度。请对下面 10 个题项表述做出评价，1 代表“很不重要”；2 代表“不太重要”；3 代表“一般”；4 代表“比较重要”；5 代表“非常重要”。

您选择“阿克苏苹果”的主要原因是什么？请根据您自己的真实感受回答下列问题，并在相应的数字中打“√”。

问题设计	很不重要	不太重要	一般	比较重要	非常重要
1. “阿克苏苹果”的外观（大小或颜色）	1	2	3	4	5
2. “阿克苏苹果”的口感（酸、甜、脆）	1	2	3	4	5
3. “阿克苏苹果”的营养价值丰富	1	2	3	4	5
4. “阿克苏苹果”的冰糖心	1	2	3	4	5
5. “阿克苏苹果”的知名品牌	1	2	3	4	5
6. “阿克苏苹果”的产地	1	2	3	4	5
7. “阿克苏苹果”的附加价值	1	2	3	4	5
8. “阿克苏苹果”的价格优异	1	2	3	4	5
9. “阿克苏苹果”的广告宣传	1	2	3	4	5
10. “阿克苏苹果”的购买便利	1	2	3	4	5

问卷二

问卷二也以农产品地理标志品牌“阿克苏苹果”为研究对象，请根据您对该农产品品牌的认知，对下面 27 个题项表述做出评价，1 代表“完全不同意”；2 代表“不同意”；3 代表“一般”；4 代表“同意”；5 代表“完全同意”。

请根据您自己的真实感受回答下列问题，并在相应的数字中打“√”。

题　　项	完全不同意	不同意	一般	同意	完全同意
1.“阿克苏苹果”口感很好	1	2	3	4	5
2.“阿克苏苹果”营养很丰富	1	2	3	4	5
3.“阿克苏苹果”绿色安全	1	2	3	4	5
4.“阿克苏苹果”很有地域特色	1	2	3	4	5
5.“阿克苏苹果”品牌让人信赖	1	2	3	4	5
6.“阿克苏苹果”品牌知名度很高	1	2	3	4	5
7.“阿克苏苹果”品牌的产品质量很好	1	2	3	4	5
8. 购买水果时你能很快识别“阿克苏苹果”品牌	1	2	3	4	5
9. 你对“阿克苏苹果”品牌标志记忆深刻	1	2	3	4	5
10. 你觉得“阿克苏苹果”品牌的广告很好	1	2	3	4	5
11. 你觉得“阿克苏苹果”品牌的原产地很好	1	2	3	4	5
12. 你觉得“阿克苏苹果”品牌的设计很好	1	2	3	4	5
13. 你觉得“阿克苏苹果”价格很合理	1	2	3	4	5
14. 你觉得“阿克苏苹果”适合自己的口味	1	2	3	4	5
15. 你觉得“阿克苏苹果”的品质很好	1	2	3	4	5
16. 你觉得“阿克苏苹果”的品牌内涵很好	1	2	3	4	5
17. 你觉得购买“阿克苏苹果”很开心	1	2	3	4	5
18.“阿克苏苹果”品牌让你感到放心	1	2	3	4	5
19.“阿克苏苹果”品牌没有让你感到失望	1	2	3	4	5
20.“阿克苏苹果”品牌很值得信赖	1	2	3	4	5
21. 你认为只要是“阿克苏苹果”产品就会很好	1	2	3	4	5
22. 你认为“阿克苏苹果”的未来会很好	1	2	3	4	5
23. 你认为“阿克苏苹果”的质量会一直很好	1	2	3	4	5
24. 如果要购买苹果你会优先选择“阿克苏苹果”	1	2	3	4	5
25. 你会持续地购买“阿克苏苹果”	1	2	3	4	5

续表

题　项	完全不同意	不同意	一般	同意	完全同意
26. 如果“阿克苏苹果”暂时缺货，你愿意等待	1	2	3	4	5
27. 你对“阿克苏苹果”情有独钟	1	2	3	4	5
28. 你会向亲朋好友推荐“阿克苏苹果”	1	2	3	4	5
29. 你会告诉他人“阿克苏苹果”品牌值得信赖	1	2	3	4	5

问卷调查到此处结束，非常感谢您的支持！

附录B　地域特色农产品普查分类目录

（试行）

一、种植业产品

（一）蔬菜

1. 未经加工的新鲜蔬菜。

2. 经晾晒、冷藏、冷冻、包装、脱水等工序加工的蔬菜。

3. 将蔬菜的根、茎、叶、花、果、种子通过干制加工处理后，制成的各类干菜，如黄花菜、玉兰片、萝卜干、冬菜、梅干菜等。

4. 腌菜、咸菜、酱菜和盐渍的蔬菜。

（二）果品

1. 未经加工的新鲜水果。

2. 对新鲜水果进行清洗、脱壳、分类、包装、储藏保鲜、干燥、炒制等工序加工处理，制成的各类水果、果干（如荔枝干、桂圆干、葡萄干等）、果仁、坚果等。

3. 经冷冻、冷藏等工序加工的水果。

（三）粮食

1. 小麦、稻谷、玉米、高粱、谷子、杂粮以及豆类、薯类等原粮作物。

2. 对粮食进行淘洗、碾磨、脱壳、分级包装等加工处理，制成的成品粮及其初级制品，如大米、小米、面粉、薯粉、玉米片、燕麦片、甘薯片等。

（四）食用菌

1. 未经加工的鲜货和干货。

2. 进行简单保鲜、烘干、包装的鲜货和干货。

（五）油料

1. 各种油料植物的根、茎、叶、果实、花等初级产品，如花生、葵花籽、芝麻籽等。

2. 对花生、大豆、菜籽、葵花籽、芝麻、胡麻籽、茶籽等油料作物进行清理、热炒、磨坯、榨油等工序加工处理，制成的植物油（毛油）产品，如花生油、豆油、葵花油、菜籽油、棉籽油等。

（六）糖料

1. 糖料植物的初级产品，如甘蔗、甜菜等。

2. 对糖料植物进行清洗、切割、包装等加工处理，制成的初级加工品。

（七）茶叶

从茶树上采摘下来的鲜叶和嫩芽（即茶青），经吹干、揉拌、发酵、烘干等工序处理，制成的茶叶。

（八）香料

碾磨或未经碾磨用于调味的植物产品，如胡椒粉、花椒粉、八角、桂皮等。

（九）药材

1. 用作原药的各种药用植物的根、茎、皮、叶、花、果实等。

2. 通过对药用植物的根、茎、皮、叶、花、果实等进行挑选、整理、捆扎、清洗、晾晒、切碎、蒸煮、密炒等处理，制成的片、丝、块、段等中药材及中药饮片。

（十）花卉

1. 保持天然生长状态的草本花卉。

2. 可食用花卉或饮品，如百合、菊花等。

（十一）烟草

经过简单加工制成的烟叶产品，包含晒烟叶、晾烟叶和烤烟叶。

（十二）棉麻蚕桑

1. 未经加工处理的皮棉、棉短线、籽棉。

2. 未经加工处理的生麻、宁麻。

（十三）热带作物

1. 未经加工处理的热带作物产品。

2. 对热带作物进行去除杂质、脱水、干燥等简单加工处理，制成的半成品或初级产品，如生熟咖啡豆、木瓜淀粉等。

（十四）其他植物

除前面列举的产品之外的其他植物及其初级加工品。

二、畜牧业产品

（十五）肉类产品

1. 各类牲畜、家禽和人工驯养、繁殖的野生动物等活畜禽，如牛、马、猪、羊、鸡、鸭等。

2. 对各类畜禽类动物进行宰杀，经去头、去蹄、去皮、去内脏、分割、冷藏或冷冻等工序加工处理，制成的分割肉、保鲜肉、冷藏肉、冷冻肉等。

3. 各类畜禽类动物的肉类生制品，如腊肉、腌肉、熏肉等。

（十六）蛋类产品

1. 各种禽类动物的卵，包括鲜蛋、冷藏蛋。

2. 通过对鲜蛋进行清洗、干燥、分级、包装、冷藏等加工处理，制成的各种分级、包装的鲜蛋、冷藏蛋等。

3. 经加工制成的松花蛋、腌蛋等。

（十七）奶制品

1. 各种哺乳类动物的乳汁经净化、杀菌等工序加工生产的鲜奶。

2. 通过对鲜奶进行净化、均质、杀菌或灭菌、灌装等，制成的巴氏杀菌奶、超高温灭菌奶等。

（十八）蜂类产品

1. 未经加工制成的天然蜂蜜、鲜蜂王浆等。

2. 通过去杂、浓缩、熔化、磨碎、冷冻等工序加工处理，制成的经蜜、鲜王浆、蜂蜡、蜂胶、蜂花粉等。

（十九）其他畜牧产品

前面列举之外的其他畜牧业产品。包括：

1. 畜禽类动物附属产生的产品，如蚕茧、燕窝、鹿茸、牛黄、麝香等。

2. 畜禽类动物的皮、毛或羽毛，如牛皮、猪皮、羊皮等。

3. 活虫、两栖动物，如蟹子、牛蛙等。

三、渔业产品

养殖和捕捞的鱼、虾、蟹、整、贝类、棘皮类、软体类、腔肠类、两栖类等淡水、海水、滩涂养殖的各类动植物及其初级加工品。

（二十）水产动物

1. 鱼、虾、蟹、鳖、贝类、棘皮类、软体类、腔肠类等水产动物。

2. 前款水产动物整体或去头、去鳞（皮、壳）、去内脏、去骨（刺）、擂溃或切块、切片，经冰鲜、冷冻、冷藏、盐渍、千制等保鲜防腐处理和包装的水产动物初级加工品。

（二十一）水生植物

1. 海带、裙带菜、紫菜、龙须菜、麒麟菜、江篱、浒苔、羊栖菜、莼菜等。

2. 前款水生植物整体或去根、去边梢、切段，经热烫、冷冻、冷藏等保鲜防腐处理和包装的产品，以及整体或去根、去边梢、切段，经晾晒、干燥（脱水）、粉碎等处理和包装的产品。

（二十二）水产初级加工品

对渔业养殖或捕捞的动植物产品进行冷冻、腌制和自然干制品，如鱼粉、鱼油、海藻胶、鱼鳞胶、虾酱、鱼子、鱼肝酱等。